주님을 닮아가려 노력하는 당신을 위한 80가지 묵상

명품그리스도인
그 두 번째 이야기

장윤식 지음

명품 그리스도인 그 두 번째 이야기 (God's Greatest Masterpiece Ⅱ)

지은이 장윤식
발 행 2024년 07월 14일
펴낸이 장윤식
펴낸곳 보아즈
가 격 15000원

ⓒ 명품 그리스도인 그 두 번째 이야기
　(God's Greatest Masterpiece Ⅱ)
본 책은 저작자의 지적 재산으로서 무단 전재와 복제를 금합니다.

이 책은 사랑하는 성도들을 위해 작성한
목회서신을 모아서 엮은 책입니다.

지우개의 은혜

　여러분들은 꿈을 자주 꾸시나요? 그리고 어떤 꿈을 꾸시나요? 저는 꿈속에서 자꾸 무언가에 쫓기는 꿈과 빨리 도망을 가야 하는데, 몸이 빠르게 반응하지 못하여 위기에 처하는 꿈을 자주 꿉니다. 물론 가끔은 우리 사랑하는 교우들과 여행도 다니고 귀한 사역을 기쁨으로 감당하는 꿈도 꿉니다. 또 하나의 꿈은 예전에 좋지 않았던, 잊고 싶은 경험이 꿈으로 형상화되어 나타나기도 합니다. 정말 지우고 싶은 경험들입니다.

이어령 선생님의 <마지막 수업>에 보면, 선생은 우리 인간이 지우개 달린 연필과 같은 존재라고 말합니다. 사실 이 지우개 달린 연필은 한 형제를 통해 만들어졌다고 합니다. 형이 무엇인가를 공책에 쓰다가 틀리면 동생을 시켜서 지우개를 가져오라 하는 것입니다. 매일 그러니까 동생이 아이디어를 낸 것입니다. '형이 쓰는 연필에 지우개를 달면 어떨까?' 그래서 탄생한 것이 지우개 달린 연필이랍니다. 참 신기하고 의미 있는 발명품입니다. 우리 인간도 이와 비슷합니다. 우리들의 인생은 젊었을 때 무언가를 열심히 씁니다. 그러다가 늙으면 무언가를 지워야 합니다. 하나, 둘, 자꾸 지워나가야 합니다. 욕심도 지우고, 정욕도 지우고, 삶의 아픔도 지우고. 잘못된 열정도 지우고, 건강에 대한 과도한 집착도 지우고, 수많은 탐욕도 지워야 합니다.

여러분들은 무엇을 쓰고 무엇을 지우고 계시는가요? 무언가를 지우는 것 보다, 저는 더욱 쓰고 싶습니다. 사랑을 쓰고 싶고, 덕을 쓰고 싶고, 기쁨과 감사와 섬김과 웃음을 쓰고 싶습니다. 지식과 지혜를 더 쓰고 싶습니다. 인격과 평화를 쓰고 싶습니다. 영혼 구원의 열정을 더욱 쓰고 싶습니다. 비전에 더 미쳐서, 그 사명을 멋지게 쓰고 싶습니다. 그러나, 지우고 싶은 것들도 있습니다. 내 안에 여전히 자리 잡은 세상적인 욕심들, 미성숙함, 이기심과 비교 의식을 버리고 싶습니다. 내 속에서 역사하고 있는 죄성과 과거의 아픈 기억을 지우고 싶습니다.

저는 이렇게 생각합니다.

'연필은 열정과 비전이고,
지우개는 기회와 은혜이다.'

지우개는 기회입니다. 은혜입니다. 연필로 우리에게 주신 비전을 향해 열정적으로 달려갑시다. 그러나 인간이기 때문에, 실수하고 실패합니다. 그렇지만 우리에게는 지우개가 있습니다. 또 다른 기회가 주어질 것이고 하나님의 은혜가 우리를 더욱 멋진 인생으로 이끄실 것입니다. 연필의 탄이 다 소모될 때까지 우리들의 열정을 불태우며 때로는 실수하고 실패해도 낙심하거나 실망하지 말고 주님 주시는 은혜와 사랑으로 새로운 기회를 얻어 진정 멋진 한 평생 살아낼 수 있는 여러분들이 되시기를 간절히 소망합니다.

오늘도 저는 썼다 지웠다가, 하고 있습니다.

장윤식 목사

차례

작가의 말 - 지우개의 은혜

Part 1
점점 닮아가는 중입니다 - 마지막 세대의 유일한 희망, 예수

호모 프롬프트 16
인간만이 가능한 것 20
평균 실종 시대 24
이기적 유전자 26
하비루의 길 29
"감옥에 갇힌 자를 돌봐주지 말라" 33
Trellis - 그리스도인의 삶의 울타리 37
거룩함 - 미신의 노예 신앙에서의 해방 40
hospitality - 환대 43
하티 위앗의 57센트 48

주님께 선택된 '한 사람' 49
왜 하필 말구유였을까? 52
노인과 바다 - 헤밍웨이 55
'팀쉘 Timshel' - 삶과 운명을 지배하는 능력 58
판도라 이야기 61
Justice or Goodness 옳으냐, 선하냐? 64
'메타버스 Metaverse'와 '미메시스 Mimesis' 67

Part 2
하나님과의 화평과 이웃과의 화평 71p

경멸(contempt)의 문화 72
"기뻐하라" 명령하신 이유 75
진정한 성공 78
'하나님과의 화평한 삶'이 바로 '건강한 삶' 81
이데올로기 83
생각의 거세 - 레밍 딜레마 86
'우월욕망 Megalothymia'과 '대등욕망 Isothymia' 89
위대한 타자 92
브로맨스 "Bromance" 94

배신을 넘어선 사랑 96
당신은 누구의 편입니까? 98
보는 대로 바뀌는 거울 신경 세포 101
영광의 무게 - C. S. Lewis 104
무질서에서 질서로 (Chaos to Cosmos) 106
역설(paradox) - 상처와 활 109
승리보다 좋은 것 - 겸손 112
'거룩한 터치' 114
브라흐마 비하라(Brahma Vihara) 117
피조물이라는 고백 '누미노제(numinose)' 119
베블런 효과(Veblen) - 우월욕구 121
하나님의 최초 질문 - '아이에카'(Ayyeka) 123
"너 자신에게서 떠나라" 125

Part 3
그리고, 나 자신과의 화평 - 가장 어려운 과제

예수주의자(Jesusist) 130
리멘 (limen)을 통과하는 시간 133
침묵의 소리 - 이해할 수 없는 상황을 만났을 때 135
공평한 시간 앞에서 138
'metamorphosis'(메타모르포시스) 140
포토그래픽 메모리 - 주님의 능력을 믿는 능력 143
사탄의 강력한 무기들을 이기는 단 한 가지 방법 146
사탄의 속성 - 높아짐 150
비우면 충만해집니다. 152
뜨거움을 견뎌낸 후의 다이아몬드 155
스스로 입은 허물들 158
유일한 우선순위 161
호모 루덴스(Homo Ludens) 163

Part 4
지금은 영성의 시대   165p

지금은 영성의 시대 167
교회는 야곱의 사닥다리입니다 - 술람(sullam) 170
미드바르(midbar) - '신의 말씀이 있는 장소' 173
사회적 성화 175
그리스도인의 유일한 삶의 방식 178
진정한 영성가란 181
절대 고독 185
천재일우(千載一遇) - 기도할 기회 187
무의식적인 믿음 190
겟세마네의 고뇌 - 기름을 짜듯 192
고통과 단절의 사회에서 194
진정한 행복감이란 - 이타심 196
정말 센 사람 198
신분 상승을 원하십니까? 200
약함의 유익 202
나를 존중하라! 204

부정적인 감정을 대하는 법 206
우리의 평생 친구 - 두려움과 불안 208
화목함 210
나로부터 시작되리 212
전염병 같은 자 214
함석헌 선생 - 흰 손 217

에필로그 - 그래도 나의 사랑, 나의 교회 219

점점 닮아가는 중입니다

마지막 세대의 유일한 희망, 예수

트렌드 코리아 2024 - 김난도 교수

호모 프롬프트

    김난도 교수팀이 쓴 <트렌드 코리아 2024>에 보면, '호모 프롬프트(Homo Prompt)'라는 용어를 사용하여 요즘 시대의 특징을 담아내고 있습니다. 프롬프트란 인공지능과 소통하는 채널이자 방식, 그리고 AI와 말을 주고받는 연속적인 질문과 대답의 과정을 지칭하는데, 생성형 AI를 어떻게 사용할 것인가에 대한 전체적인 방향성을 포괄하는 단어입니다.

    챗 GPT를 잘 사용하려면 질문을 잘해야 합니다. 내가 어떻게 질문을 하느냐에 따라 챗 GPT는 완전히 다른 답을 내놓기 때문입니다. 인공지능의 영역은 우리 인간들의 삶 속에 이미 깊이 들어와 있습니다. 질문을 하면, 바로 복잡한 결과물을 내어놓는 인공지능을 통해서, 우리는 그동안 할 수 없었던 일들을 쉽게 할 수 있게 되었습니다. 그러므로 많은 부류의 직업군들에서 걱정과 염려가 생성되고 있습니다. 인공지능에게 직업을 빼앗겼거나 빼앗길 위기에 처한 사람들이 너무도 많기 때문입니다.

문제는 이 생성형 AI의 발전 속도입니다. 기술 발전의 속도가 선형적이 아닌 가속적이기 때문입니다. 마이크로칩의 용량은 2년마다 2배씩 증가한다는 '무어의 법칙'은 이미 깨졌습니다. 요즘 챗 GPT의 계산 능력은 2년마다 100배 향상되고 있다는 점을 고려할 때, 엔비디아(NVIDIA)의 CEO 젠슨 황(Jensen Huang)이 10년 후 챗봇(Chatbot)의 성능은 지금의 '100만 배'가 되리라 예측한 것이 무리가 아닌 듯합니다. 지금의 현실이 아찔한 이유 중 하나가 여기 있는 것입니다.

앞으로 우리 인류의 운명은 어떻게 될까요? 인간이 힐 수 있는 일이 점점 줄어들고, 우리들이 가지고 있는 일자리는 당연히 AI가 차지하게 될 것입니다. 그렇다면 우리들의 미래는 어떻게 변화될까요? 요즘 우리들이 사는 세상을 보면, 러시아와 우크라이나 전쟁, 이스라엘과 가자지구 무장단체인 하마스와의 전쟁, 세계 곳곳에서 들려오는 가뭄과 홍수와 지진과 바다의 오염과 물과 식량의 부족으로 생기는 온갖 종류의 불안감은 우리 인류를 심각하게 위협하고 있습니다. 갈등의 시대를 지나 통제 불능의 시대로 이미 진입하고 있습니다. 이러한 시대에 우리 그리스도인들의 삶은 어떠해야 할까요?

첫째, 우리는 구원의 소망으로 무장하고 하늘나라를 바라보는 삶을 살아야 합니다. 바울처럼 우리는 보냄을 받은 자들이며 주님의 종들임을 기억하고 이 땅에 소망을 두는 인생이 아니라 천국 백성으로서의 소망을 지니고 살아야 합니다.

둘째, 주님께 모든 것을 맡기는 인생을 살아야 합니다. 시국이 불안하고 온 세상이 통제 불능의 상태로 빠르게 빠져드는 이 시대에 우리는 그 누구도 믿을 수 없고 의지할 수 없습니다. 오직 우리 주님 예수 그리스도만을 절대적으로 믿고 그분의 위대하심과 전능하심을 깨닫고 우리들의 인생을 전방위적으로 그분께 맡겨야 합니다.

예수님만이 우리들의 소망이고 구원자이시고 믿음의 대상임을 기억해야 합니다. 급변하는 세상에서 우리들의 정체성을 AI가 규정하고 세상의 가치관들이 규정하도록 내버려 두는 것을 경계해야 합니다. 악한 시대를 읽으며, 성경적 가치관과 관점을 가지고, 우리가 주님의 자녀들이고, 천국 백성들이며, 이 악한 세상으로 보내진 주님의 사도들이고 종임을 기억해야 합니다. 통제 불능의 시대에서 주님의 말씀과 관점으로 우리 자신을 통제하고, 오직 주님의 통제 안에 거해야 하겠습니다.

마음에 새길 성경 말씀

요한복음 14장 2~3절
내 아버지 집에 거할 곳이 많도다
그렇지 않으면 너희에게 일렀으리라
내가 너희를 위하여 거처를 예비하러 가노니
가서 너희를 위하여 거처를 예비하면 내가 다시 와서 너희를
내게로 영접하여 나 있는 곳에 너희도 있게 하리라

조지 앤더스 George Anders

인간만이 가능한 것

'할루시네이션'(Hallucination)이란 용어가 있습니다. '환각', '환영', '환청'이란 뜻의 단어인데, 인공지능이 정보를 처리하는 과정에서 발생하는 그럴듯함의 오류 혹은 그럴싸한 오답을 내놓는 현상을 말합니다. 챗 GPT가 거짓말을 할 수 있습니다. 실제로 그렇습니다. AI 모델은 학습한 데이터에 없는 정보를 기반으로 잘못된 결과를 만들어 낼 수 있으며, 연관성이 낮거나 편향된 정보를 생성할 수도 있기 때문에, 주로 학습된 데이터가 부족하거나 불완전한 경우 할루시네이션이 발생합니다. 인공지능은 자기 결과물을 스스로 평가하지 못한다는 것입니다. 최종적인 판단과 선택은 결국 우리 인간들의 몫입니다.

퓰리처상을 수상한 작가 조지 앤더스(George Anders)는 비판적 사고는 오직 인간만 지닌 능력임을 피력했습니다. 인간에게는 이러한 능력이 있습니다.

1) 경계를 넘나들며 일하는 능력
2) 통찰 능력
3) 올바른 접근법을 선택하는 능력

4) 타인의 감정을 파악하는 능력
5) 타인에게 영향을 미치는 능력

　　　모두 인공지능이 '생성'할 수 없는 역량입니다. 세상이 아무리 발전하여 인공지능이 우리 인류의 생활 곳곳에서 활약한다고 하더라도 모든 것을 파악하고 조절하며 판단하는 것은 결국 인간의 몫임을 우리는 기억해야 합니다. 다르게 말하면 우리 인간이 어떤 것에든 판단을 잘못하게 되면 우리 인류의 역사는 불행의 역사로 넘어갈 수밖에 없다는 것을 의미하기도 합니다. 지금 우리는 러시아와 우크라이나 전쟁과 이스라엘과 하마스의 전쟁을 우려의 눈으로 바라보고 있습니다. 한 사람 혹은 한 집단의 잘못된 판단이 얼마나 많은 사람의 생명을 앗아가고 있으며, 더 많은 사람을 두려움과 실망감과 좌절에 빠지게 할 수 있는지를 생생히 목격하고 있습니다. 어떠한 이유로도 전쟁을 일으키는 사람이나 집단은 역사 앞에 큰 죄인이 된다는 것을 우리는 기억해야 합니다.

　　　이런 혼탁한 세상, 악이 관영하고 전쟁의 소문이 들려오고, 극도의 이기주의와 자기중심주의가 팽배하며, 깊이 생각하여 행동하지 않고 주변 사람들을 배려하지 않으며, 공감의 능력이 상실되어 슬퍼하지 않고 기뻐하지 않는 감정선을 지닌 이런 악하고 영적으로 혼탁한 시대를 우리 그리스도인들은 어떠한 모습으로 살아가야 할까요?

우리 그리스도인들은 더욱 지극히 '영적인 존재'가 되어야 합니다. 신앙은 모조품이 아닙니다. 신앙은 쇼윈도에 진열된 상품과 같은 것도 아닙니다. 신앙은 현실이고 실재입니다. 우리 그리스도인들의 신앙은 악을 미워합니다. 전쟁에 반대합니다. 이기적이고 자기중심적인 삶에 동참하지 않습니다. 믿음은 주님의 마음을 갖는 것입니다. 그러므로 누군가를 위해 기도할 줄 알게 됩니다. 함께 아파하고 기뻐할 줄 압니다.

지금 우리가 사는 지구와 지구인들은 두려움과 고독함과 외로움과 슬픔과 아픔 가운데 웅크려 울고 있습니다. 지금 우리 그리스도인들에게 필요한 삶의 지혜가 여기 있습니다. 바로 주님의 마음을 갖는 것입니다. 그분의 관점을 소유하는 것입니다. 그분의 눈과 귀와 심장과 손과 발이 되어 아파하는 모든 이들을 위해 기도하고 그들에게 사랑의 손길을 내밀어야 합니다. 그런 삶을 살아갈 때 우리가 사는 삶의 한 끝자락이라도 사랑과 희망과 웃음과 기쁨과 감사가 회복되고 고백 될 수 있을 것입니다. 지금 이 세상의 희망은 교회, 그리고 우리 그리스도인들의 기도, 그리고 우리 주님의 사랑과 자비가 필요합니다. 아파하며 몸살을 앓고 있는 이 세상을 위해 우리 그리스도인들이 눈물로 기도할 수 있었으면 좋겠습니다.

마음에 새길 성경 말씀

로마서 12장 2절
너희는 이 세대를 본받지 말고
오직 마음을 새롭게 함으로 변화를 받아
하나님의 선하시고 기뻐하시고
온전하신 뜻이 무엇인지 분별하도록 하라

다양성의 탈을 쓴 타락한 세대

평균 실종 시대

지금으로부터 20년 전만 해도 직장인들이 점심식사를 할 때, 모든 부서의 사람들이 함께 식당에 가서 부장님이 선호하는 메뉴를 통일하여 먹었습니다. 가정 식구들도 아버지가 드시고 싶은 먹거리를 온 식구가 먹는 것을 당연하게 받아들였습니다.

그러나 지금 시대는 부장님이 가장 말단 부하 직원에게 자신이 먹는 음식을 암묵적으로 강요하거나 부담을 주지 못합니다. 음식점에 가면 각자 먹고 싶은 음식을 다양하게 시켜서 자연스럽게 먹습니다. 카페에 가서도 마찬가지입니다. 아메리카노, 카푸치노, 라테와 마키아토 등, 각자 기호에 맞는 음료를 주문하는 것이 너무도 당연한 시대가 되었습니다.

이 시대의 이러한 현상을 '평균 실종'이란 용어로 정의합니다. 통일성보다는 다양성을, 보편성보다는 독특성을 특징으로 하는 세대가 되었다는 것을 담아낸 용어라 할 수 있습니다.

교회 안에서의 문화도 다양해졌습니다. 예전에는 할아버지 아버지 손자 3대가 큰 이질감이 없이 신앙생활을 했지만 지금

---

1. 점점 닮아가는 중입니다

시대에는 초등학교 아이들도 학년마다 세대 차이가 나다보니 교회의 문화가 더욱 다양해질 수밖에 없는 상황이 되었습니다. 이러한 변화는 교회 안에서 다양한 문화를 만들어 가는 데에 큰 도움을 되기도 합니다.

그러나 여러분! 우리 그리스도인들이 예외 없이 분명한 태도를 보여야 하는 부분이 있습니다. 우리는 변화할 수는 있지만, 변질되어서는 안 되기 때문입니다. 우리 주님을 향한 흔들림 없는 믿음과 타락한 세상과 구분되는 거룩한 정서를 지녀야 한다는 것입니다.

시대는 점점 악하게 변질되어 가고 있습니다. 사탄은 정치, 경제, 사회, 문화, 사람들의 인식의 세계를 썩게 만들고, 편을 가르고, 반기독교적이며, 반성경적인 정서와 사회 시스템을 구축하는 데 혈안이 되어 있습니다. 다양성의 탈을 쓰고, 변화가 아닌, 변질로 나아가는 문화를 만들어 가고 있습니다. 이러한 영적 무지와 영적 어두움의 시대에 우리 그리스도인들은 평균 실종의 신앙이 아닌 상향 평균의 믿음과 열심이 변질되고 진리가 왜곡되고 악이 판을 치는 세상에서 참 진리를 외치고 복음을 열정적으로 전하며 선하고 향기롭고 예수님 닮은 삶을 살아낼 수 있어야 합니다. 도구는 변화될 수 있으나, 본질은 변질될 수 없는 복음의 본질을 지키는 자들이 우리가 되어야 하지 않을까요?

1%를 읽는 힘 - 메르
이기적 유전자

메르가 쓴 <1%를 읽는 힘>에 나오는 이야기입니다. 임진왜란 당시 조선은 '결부법'이라는 세금법을 시행하고 있었습니다. 결부법은 논에서 생산된 쌀의 25%를 세금으로 내는 법이었습니다. 그런데 임진왜란을 일으킨 도요토미 히데요시는 조선의 농부들에게 '앞으로 세금은 40%만 받을 것이다. 투항하면 30%만 받겠다'라고 발표합니다. 세금을 80%씩 내는 일본 농민에 비하면 절반 수준이었던 것입니다. 그러나 조선 농민들의 측면에서 보면 25%만 내면 되었던 세금을 40%나 내야 하니까 수용할 수가 없었던 것입니다. 임진왜란 때 조선에서 농민 의병들이 물밀듯이 일어난 이유가 조선 왕조에 대한 충성심 때문이 아니라 자신들의 세금 문제였다는 것입니다.

이를 통해 '사람은 자신의 이익이 되는 쪽으로 움직이기 마련이고, 결국 일이 잘 성사되려면 상대방을 잘 파악해야 한다'라는 교훈을 얻을 수 있다는 것입니다.

인간은 고마움을 잘 잊는 이기적인 유전자를 지닌 존재입니다. 그리고 자신에게 유익이 되는 것이라면 이기적이고 자기중심적으로 무엇이든지 할 마음의 준비가 된 것도 사실입니다.

그런데 여러분! 고린도전서 13장 1절 이하를 보십시오.

*"내가 사람의 방언과 천사의 말을 할지라도
사랑이 없으면 소리 나는 구리와 울리는 꽹과리가 되고
사랑은 오래 참고, 사랑은 온유하며 시기하지 아니하며
사랑은 자랑하지 아니하며 교만하지 아니하며,
모든 것을 참으며,
모든 것을 믿으며,
모든 것을 견디느니라"*

왜 사람들이 자신의 유익을 따라 이기적으로 살아가고 있습니까? 진정한 사랑을 경험해 본 적이 없기 때문입니다. 진정한 사랑은 자기를 자발적으로 희생하게 합니다. 더 나아가 기쁨으로 섬기고 자신의 유익을 구하는 것이 아니라 사랑하는 대상의 기쁨과 안녕을 소망하며 자신을 온전히 내어 줍니다. 조건은 없습니다. 원인만 있습니다. 그저 그 온전하고 진실한 사랑 때문입니다.

우리 예수님의 사랑, 그분의 십자가 그 위대한 사랑이 우리의 영혼과 삶을 살리셨습니다. 그분이 내어 주심과 자기 포기의 사랑이 우리 인류에게 구원의 길을 여신 것입니다.

우리는 그리스도인입니다. 예수님을 본받은 자들이고 그분의 가르침을 따르는 자들입니다. 그리고 그분의 십자가 사랑과 은혜로 구원받은 자들이니, 이제 주님을 닮은 사랑을 하는 삶을 살아야 하겠지요? 나의 유익을 위해서만 움직이는 삶이 아니라 사랑하고 이해하며 조건 없이 나를 내어 주는 삶, 섬기는 삶을 사는 것: 그것은 어렵기 때문에 가장 가치 있는 삶입니다. 섬기는 것이 가장 아름다운 사랑이기 때문이고, 주님은 결국 그런 사람을 높이십니다.

마음에 새길 성경 말씀

마태복음 20장 26~28절
너희 중에 누구든지 크고자 하는 자는
너희를 섬기는 자가 되고
너희 중에 누구든지 으뜸이 되고자 하는 자는
너희의 종이 되어야 하리라
인자가 온 것은 섬김을 받으려 함이 아니라
도리어 섬기려 하고 자기 목숨을 많은 사람의 대속물로
주려 함이니라

조지 앤더스 George Anders

하비루의 길

길동무가 쓴 <하비루의 길>에 보면, '하비루'라는 히브리 단어를 이렇게 정의합니다.

'그 당시의 사회에서
가장 낮고 천하고 가난한 자들로 형성된 사회 계층.'

도대체 왜 하나님께서는 이스라엘 사람들을 애굽으로 보내시어 400년 동안이나 하비루로서의 생활을 하도록 하셨을까요? 그 이유는, 하나님께서 이스라엘이 하나님을 닮게 하여, 하나님의 마음을 갖게 하기 위함이었습니다. 하나님의 사역 방법은 언제나 '사람들을 통해서'였습니다. 준비된 사람들, 택함을 받은 사람들을 통하여 일하셨습니다. 이스라엘이 가나안에 들어가서 하나님 나라의 모형을 만들고 제사장 나라의 역할을 하려면 그들이 먼저 하나님의 마음을 갖게 만들어야 했던 것입니다. 하나님의 마음을 갖지 않으면 하나님을 세상에 보여줄 수 없으므로, 이스라엘을 애굽으로 보내서, 하비루의 삶을 경험하게 하신 것입니다. 그러니까 애굽은 하나님의 대장간이었던 셈입니다.

하비루로서의 삶을 400년 동안 겪게 하심으로 이스라엘로 하여금 '가장 낮은 사람', '가장 작은 사람', '가장 불쌍한 사람', '가장 소외된 사람'을 섬기는 사람이 되어야 한다는 것을 가르쳐 주신 것입니다. 헤브라이즘(Hebraism)은 바로 이 하비루 문화에서 출발한 것입니다. 그렇다면 주님의 연단을 받은 사람들인 하비루에게는 어떠한 특징이 있을까요?

첫째, 겸손한 사람들입니다. 하비루의 하나님께서는 하비루를 통하여 일하십니다. 예수님의 제자들이 가장 비천한 갈릴리 어부들이었던 것은 결코 우연이 아닙니다. 주님께서 말구유로 오심도 무관하지 않습니다. 그분의 일하심은 지금도 동일하십니다. 그분은 내면의 하비루를 이룬 사람들, 즉 겸손한 사람들을 통해 놀라운 일들을 하시는 분입니다. 하나님께 쓰임 받기를 원한다면 우리는 겸손한 내면의 하비루가 되어야 합니다.

둘째, 거룩히 구별된 사람들입니다. '거룩하다'라는 말은 '구별된다'라는 의미심장한 뜻을 지니고 있습니다. 타락한 세상과 구별되었다는 뜻입니다. 악이 주인 노릇을 하는 세상에서, 선을 추구하며 하나님의 왕 되심과 주인 되심을 온 인격적으로 인정하며 실천하는 삶을 살아가는 사람들이 거룩히 구별된, 이 시대의 진정한 하비루들인 것입니다.

세상은 이기적입니다. 인본주의가 모든 이들의 정신세계를 지배하고 있습니다. 갈등과 다툼과 미움과 시기와 질투와 거짓이 난무합니다. 세상의 윤리는 성경의 윤리와 대치되어 있습니다. 사람들은 사탄의 속임수에 넘어가 스스로 하나님이 되려고 합니다. 하나님이 되고자 하는 교만이 우리 마음에 들어가는 순간, 우리는 주님과의 관계를 바로 세우지 못하게 되고, 땅의 것에 집착하게 되며, 진짜 가치 있는 것을 보지 못하게 됩니다. 그러나 영적인 하비루들은 이런 악한 세상에서 빛으로 살아냅니다. 하나님께서 주시는 지혜와 은혜로 복음을 증거하는 삶을 살아갑니다. 그리고 사회적 약자들과 고통 중에 있는 자들과 각종 아픔 가운데 웅크리고 있는 사들에게 다가가 그들을 그리스도의 사랑으로 섬기는 자들입니다.

가장 아름다운 삶, 가장 하나님이 기뻐하시는 삶은 어떤 것일까요? 그것은 바로 이 시대를 살아가는 하비루들을 하비루의 마음으로 섬기는 삶입니다. 그것이 주님께서 우리에게 명하신 삶이기 때문입니다. 시대가 악합니다. 너무도 악합니다. 이 악한 시대에 가장 필요한 사람이 바로 영적인 하비루, 하나님을 닮은 하비루들입니다. 우리가 이 시대를 하비루로 살아갈 때 우리가 살아가는 세상이 조금이나마 하나님의 나라, 즉 영적 가나안이 실현될 줄 믿습니다. 기억하십시오. 우리는 영적 하비루들입니다.

마음에 새길 성경 말씀

마태복음 25장 35-36절
내가 주릴 때에 너희가 먹을 것을 주었고
목마를 때에 마시게 하였고 나그네 되었을 때에 영접하였고
헐벗었을 때에 옷을 입혔고 병들었을 때에 돌보았고
옥에 갇혔을 때에 와서 보았느니라

1. 점점 닮아가는 중입니다

그리스도인의 삶과 행동

"감옥에 갇힌 자를 돌봐주지 말라"

리치니우스(Licinius)라는 황제는 기독교를 공인한 콘스탄티누스와 이복형제이고, 콘스탄티누스와 로마제국을 공동으로 통치하기도 했던 자입니다. 기독교가 공인되기 이전, 그가 내린 칙령 가운데 다음과 같은 문구가 있습니다.

'감옥에 갇힌 자를 돌보아 주지 말라.
이를 어기는 자는 갇힌 자와 같은 죄로 다스리겠다.'

로마제국의 황제가 왜 이런 칙령을 내렸을까요? 감옥에 갇힌 죄수들을 너무나 적극적으로 도와주는 사람들이 있었기 때문이었습니다. 그러면 누가? 도대체 왜? 감옥에 갇힌 죄수들을 그토록 열심히 도와서 이렇게 사회적으로 큰 이슈가 되었던 것일까요? 그들은 바로 기독교인들이었습니다. 기독교인들은 감옥에 갇힌 교우들을 지극 정성으로 보살폈던 것입니다.

감옥에 갇힌 사람들은 크게 두 부류였는데, 첫 번째는, 기독교인이라는 사실이 밝혀져 수감 되었던 사람들이었고, 두 번째는, 생활고로 인해 생긴 빚을 갚지 못했던 서민들이었습니다. 초대 교인들은 대부분 가난한 사람들이었는데, 가난한 사람들이 빚을 진 이유는 기근으로 인해 식량이 모자라서 빌려다 먹고 갚지 못한 것에 대한 이자가 늘었기 때문입니다. 이런 일이 생기면 교우들이 합력하여 빚을 대신 갚아주려고 노력했지만, 한계가 있었습니다.

감옥에 갇힌 기독교인들을 자기 가족으로 여기고 생명을 아끼지 않고 섬긴 것입니다. 초대 교인들이 어떤 삶을 살았는가에 대해서는 이 사실 하나만으로도 능히 짐작할 수 있습니다. 박해받던 시기에 기독교인이 된다는 것은 죽음을 각오한 결단이 있어야 했습니다. 이런 결단을 가지고 모인 사람들이 서로 재물을 나누어 쓰는 것은 특별한 일이 아니라 오히려 당연한 일이었던 것입니다. 그리고 이러한 모습은 그 사회에 큰 충격으로 다가왔습니다.

이 시대 로마의 상류층과 일반 시민들은 향락을 즐기고 돈을 쓰는 즐거움으로 하루하루를 살아가고 있었습니다. 이 당시 연회의 주요 관심사는 '얼마나 비싼 음식을 장만할 수 있는가?'였습니다. 탈무드에 의하면 세상에 있는 보화 열 개 중 로마가 아홉 개를 가지고 있고 나머지 한 개를 전 세계가 나누어 가지고 있다고 말할 정도였습니다.

황제였던 칼리굴라(Caligula)는 하루에 10만 파운드(약 20억 원), 일 년에 이천만 파운드(약 4천억 원)를 유흥비로 썼습니다.

---

1. 점점 닮아가는 중입니다

사치가 극을 달리는 만큼 쾌락에 젖어 살았습니다. 초기 로마 황제 15명 중 14명이 동성애자였으며, 세네카는 '여자는 이혼하기 위해 결혼하고, 결혼하기 위해 이혼한다'라고 했습니다. 23번 결혼한 여자, 5년 동안 8번 결혼한 여자에 대한 기록들이 남아 있을 정도입니다. 이런 타락한 시대에 초대 기독교인들은 물질적으로는 가난하고 종교적으로는 한없는 핍박을 받았지만, 성령의 충만함과 십자가의 사랑으로 무장하여 그 시대의 영적인 하비루(Habiru-가장 낮고 천하며 가난한 자들로 형성된 사회 계층)로서, 기쁨과 감사함과 하늘나라에 대한 소망을 가지고 그리스도인임을 자랑스럽게 여기며 순교를 당하는 것을 두려워하지 않는 죽음을 초월한 믿음으로 살았습니다.

지금, 이 시대에 우리 그리스도인들의 삶은 어떻습니까? 이 시대의 영적인 하비루로 살아내고 있습니까? 아니면 세상과 타협하고 세상 사람들과 전혀 다를 바 없는 변질된 삶을 살아가고 있습니까? 이렇게 정치, 경제, 사회, 문화적으로 혼탁한 시대에, 기독교가 핍박받으며 힘을 잃어가고 있는 시대에, 초대교회 교인들의 모습을 본받아 빛으로, 복음으로, 말과 행동과 삶으로 그리스도를 담아내는 우리 신앙인들이 될 수 있기를 간절히 소망합니다.

마음에 새길 성경 말씀

마태복음 25장 40절
내가 진실로 너희에게 이르노니
너희가 여기 내 형제 중에 지극히 작은 자 하나에게 한 것이
곧 내게 한 것이니라

1. 점점 닮아가는 중입니다

그리스도인의 삶의 규칙

Trellis
그리스도인의 삶의 울타리

여러분들은 어떠한 '삶의 규칙'을 가지고 있습니까? '삶의 규칙'을 언어학상으로 '격자 울타리(trellis)'라 합니다. 격자 울타리는 포도나무 같은 식물이 타고 올라가 열매를 맺도록 도와주는 지지 구조물을 뜻합니다. 그리스도인의 삶의 규칙은 우리가 믿음으로 성장하여 그리스도 안에 거하게 도와주며 그분과 깊이 있는 영적 교제 안으로 이끌어 주는 신앙과 삶의 지지 구조물들입니다.

이 삶의 구조물은 네 가지 영역으로 나눌 수 있습니다.

첫째는 **기도**입니다. 기도는 매주 안식일을 거룩하게 지키는 것이고, 매일 시간을 정해 놓고 기도하는 것이며, 거룩한 독서(성경과 양질의 기독교 서적)와 묵상이 그 내용을 이루고 있습니다.

둘째는 **쉼**입니다. 쉼은 일주일에 3~4번 운동, 잘 계획된 휴가, 일주일에 하루는 10시간 이상 쉬며, 산이나 바다와 숲을

걷거나 자전거를 타며, 소셜 미디어를 절제하는 것을 말합니다.

셋째는 **관계**입니다. 관계의 영역에는 가족과 함께 즐거운 시간을 보내며, 친한 친구들과 지인들을 자주 만나 이야기를 나누며, 교회의 리더들과 목회자와 교인들과 아름다운 관계를 유지하는 것을 말합니다.

넷째는 **일**입니다. 일의 영역은 게을리 말고 자기 계발에 매진하며, 교회 사역에 긍정적이고 열정적으로 동참하며, 블로그와 페이스북을 비롯한 다양한 온라인을 사용하여 그리스도를 증거하고, 자신이 다니는 직장이나 사업을 믿음 안에서, 성실하고 충실하게 운영하며 선한 영향력을 끼치는 것입니다.

이런 삶의 규칙은 우리들의 영혼과 마음과 정신과 육신을 건강하게 만들어 기쁨과 감사와 열매가 충만한 삶을 살 수 있게 인도할 것입니다. 여러분들의 삶이 언제나 풍성하고 향기로운 열매들로 가득하시기를 간절히 소망합니다. 하나님께서 허락하신 생명력을 더욱 멋지게 사용하셔서 즐거운 인생, 행복이 넘치는 인생, 열매로 가득한 인생, 남을 살리는 인생, 그리고 예수 닮은 인생으로 펼쳐 나가시기를 간절히 소망합니다.

1. 점점 닮아가는 중입니다

마음에 새길 성경 말씀

디모데전서 4장 5~6절
하나님의 말씀과 기도로 거룩하여짐이라
네가 이것으로 형제를 깨우치면
그리스도 예수의 좋은 일꾼이 되어
믿음의 말씀과 네가 따르는 좋은 교훈으로
양육을 받으리라

십계명에 대해서

거룩함
- 노예 신앙에서의 해방

하나님께서 이스라엘 백성들을 애굽에서 이끌어 내시고 가나안 땅으로 직접 가지 않고 시내산으로 데리고 간 것은 그곳에서 계약을 맺기 위함이었습니다. 시내산 계약은 십계명으로 요약되는데, 이를, 한마디로 요약하면, '내가 거룩하니 너희도 거룩하라.'일 것입니다. '보이지 않는 나의 보이는 형상이 되어라.'라는 말로도 표현할 수 있을 것입니다. 하나님의 선교 전략은 의외로 단순합니다. 이스라엘로 하여금 가나안 땅에서 하나님의 말씀에 순종하며 예배에 생명을 걸고 영적 하비루로 살아가는 것, 그래서 모든 나라들의 본이 되며 하나님의 나라 모형으로 살아가라는 것입니다. '보여주는 선교' 전략입니다.

십계명의 가장 중요한 특징은, "너희는 하나님만을 섬기고, 절대로 우상을 만들지 말라!"일 것입니다.

"너는 나 외에는 다른 신들을 네게 두지 말라"
(출 20:3)

이스라엘 백성들이 정복하여 살아가야 할 땅, 가나안은 이미 호전적인 7개 부족이 살고 있었습니다. 더 나아가 그들은 저마다의 우상을 만들어 섬기고 있었습니다. 특히 농경문화의 신, 바알은 위협적인 우상이었습니다. 또 주변에 있는 강대국들인 애굽과 메소포타미아 지역에서도 수많은 우상이 있었습니다. 이런 상황에서 하나님께서는 이스라엘 백성들에게 가장 먼저 '하나님만을 섬길 것'에 대해 강조하고 있습니다. 다른 신은 존재하지 않는 우상(자신의 안녕과 번영을 위해 만들어진 신)이고 하나님께서는 세상을 창조하시고 운행하시는 유일한 하나님이심을 믿고 기억하고 예배하라는 것입니다.

당시는 '우상 종교의 시대'였기 때문에 '보이지 않는 신'인 하나님을 섬긴다는 것은 상상할 수 없었습니다. 신들은 당연히 어떤 형상을 가진다고 생각하여 온갖 신들의 형상을 만들어 냈던 것입니다. 인간이 공포를 느꼈던 맹수, 반인반수의 괴물, 해와 달과 별과 같은 천체를 믿었고, 그것들의 형상을 만들어 예배하고 있었습니다. 그러나 '형상이 없는 신'이란 개념은 그 당시에는 혁명적인 신관이었습니다. 하나님만을 신으로 섬기라는 이 말씀은 허황된 미신에 빠져서 비참해지지 말라는 말씀입니다.

사람들은 고대로 갈수록 미신의 지배를 받았으며, 지금도 그 흔적들이 세계 곳곳에 남아 있습니다. 결혼하려면 궁합을 보고 날을 잡아야 하며, 아이를 낳으면 이름도 사주에 맞추어 지어야 하고, 이사, 여행, 사업 등 자유롭게 할 수 있는 것이 없었습니다. 농사를 지으려면 땅의 신에 제사를 지내야 하고, 고기잡이를 하려면 각종 물의 신에게, 또한 산에서는 산신에게, 각 가정에서는 조상신, 무슨 나무, 무슨 산, 무슨 짐승 등 하늘과 땅과 물속에 있는 모든것들을 우상으로 섬겼던 것입니다. 고대의 다신 종교에서는 도무지 마음대로 살 수 없는 미신의 노예가 되어 살아야 했습니다.

이런 시대에 십계명은 노예 신앙으로부터의 해방을 선언한 것이며, 하나님 이외의 온갖 우상들은 사람을 진정한 행복으로 이끌 수 없는 사탄의 속임수에 불과하다는 것을 말씀하고 있는 것입니다. 오직 하나님께서만이, 참 하나님이시라는 '유일신 신앙'은 배타적이거나 독선적인 신앙이 아닙니다. 이것이야말로 가장 객관적인 진리를 말하고 있는 것이기 때문입니다.

인간이 하나님을 떠나면 대대손손, 그리고 영원토록 불행한 존재가 된다는 것을 잊지 말아야 합니다. 악이 관영하고 영적 어두움이 짙게 깔린 이 시대, 비진리가 진리인 양 사람들의 영혼과 마음과 정신세계를 잠식하고 있는 이 악한 시대에 오로지 하나님만이 진정하고도 유일한 하나님임을 온 인격적으로 믿고 확신하며 선언하는 삶을 살아야 합니다. 자손만대가 복을 받고 천국의 삶을 살 수 있는 유일한 방법은 하나님만을 예배하고 그분만을 온 인격적으로 섬기는 것입니다. 이 땅에서 우리 모든 성도가 '보이지 않는 하나님의 보이는 형상'으로 거룩하고 향기롭게 살아갈 수 있기를 간절히 기도합니다.

1. 점점 닮아가는 중입니다

선한 능력, 아름다운 저항 - 존 타이슨

Hospitality - 환대

　　존 타이슨(Jon Tyson)이 쓴 <선한 능력, 아름다운 저항>이란 책에 보면, 호주 이민자인 저자의 행복한 경험담이 진솔하게 쓰여 있습니다.

　　저자는 뉴욕에 살고 있는 목사입니다. 자신의 사무실 근처에 새로 생긴 맛있는 치킨집이 있었습니다. 한번은 택시를 타고 사무실로 가게 되었는데, 택시 기사는 자신의 이야기를 술술 풀어내고 있었습니다. 미국으로 이민을 오게 된 과정, 고향을 떠날 수밖에 없었던 사정, 이전 삶의 아름다움, 그는 자신이 살고 있던 나라에서 고등 교육을 받고 상류층으로 살던 사람이었습니다. 하지만 정치적인 핍박을 피해 조국을 떠날 수밖에 없었다고 말했습니다. 이런 이야기를 나누던 중 사무실 근처에 있는 치킨집 앞에서 택시가 섰습니다. 그때 책의 저자는 그 택시 기사에게 물었습니다. "저 치킨집에서 먹어 봤습니까?" 택시 기사는 말합니다. "아뇨, 그냥 줄이 길게 늘어선 것만 봤어요. 아마 맛있겠죠." 그 말에 저자는 기사에게 말합니다. "지금부터 30분 동안 뭘 하실 생각이세요?" "계속 일해야죠." "그러면 미터기를 켜 놓고 그 유명한 치킨 좀 드시지 않을래요?" "정말요?" 그리하여 맨해튼 한복판 38번 거리에서, 세상 반대편에서 온 두 남자가 함께 치킨을 뜯으며 가족, 인생사, 고난, 성공, 외인으로서의 경험을 나누었답니다. 택시 안에 있던 타자는 형제가 되었고, 낯선 이는 친구가 된 것입니다.

선교학자인 앨런 허쉬(Alan Hirsch)는 다음과 같이 말했습니다. "세상의 모든 그리스도인 가족이 일주일에 한 번씩만 식탁에서 이웃들과 좋은 대화를 나누면 점점 하나님 나라로 들어갈 수 있다"라고 말입니다.

"무엇보다도 뜨겁게 사랑할지니 사랑은 허다한 죄를 덮느니라
서로 대접하기를 원망 없이 하고"
(베드로전서 4:8-9)

사랑은 우리 그리스도인들의 가장 중요하고 아름다운 인격입니다. 우리 인생들은 모두 외롭습니다. 누군가에게 우리는 타인이고 낯선 이들입니다. 그러나 사랑으로 환대(hospitality)한다면, 우리는 더 이상 타인도 낯선 이도 아닌 친구요, 영적 가족이 될 수 있는 것입니다. 영어의 환대(hospitality)는 병원(hospital)과 어원이 같습니다. 병원은 문자 그대로 '낯선 이들을 위한 집'이란 뜻을 지니고 있습니다. 이제 이 단어는 치유의 장소를 의미하게 되었습니다. 그러나 환영받는 것과 치유 받는 것은 지극히 깊은 연관이 있는 단어이기도 합니다.

여러분들의 가정이 낯선 이들과 타자를 환대하는 병원이 될 수 있기를 소망합니다. 외로운 이들, 아파하는 이들, 소외된 이들, 죽음을 생각하고 있는 이들, 눈물 흘리고 있는 이들, 세상에 소망을 잃은 이들을 주님의 사랑으로 환대하는 여러분들이 될 수 있기를 소망합니다. 그렇게 할 때 우리가 머무는 그 장소에서 함께 한 이들과 우리는 천국을 경험하게 될 것입니다.

> 마음에 새길 성경 말씀
>
> 히브리서 13장 1~2절
> 형제 사랑하기를 계속하고 손님 대접하기를 잊지 말라
> 이로써 부지중에 천사들을 대접한 이들이 있었느니라

십계명에 대해서

하티 위앗의 57센트

　　1880년대 어느 주일 오후, 하티 위앗(Hattie Wiatt)이라는 여섯 살 소녀가 필라델피아에 있는 그레이스 침례교회의 주일학교에서 쫓겨났습니다. 이 교회는 작은 데다가 신자가 많아서 교회 학교가 만원이라 더 이상 주일학교 학생을 받을 수 없었기 때문입니다. 무척이나 실망한 소녀는 자기가 푼돈을 모아서라도 주일학교를 세우고 싶다는 결심을 합니다. 그 소녀는 작은 빨간색 지갑을 한 개 사서 매주 자기 용돈의 대부분을 거기에 집어넣었습니다. 그런데 얼마 지나지 않아 그 소녀는 큰 병에 걸려 목숨을 잃게 됩니다. 죽기 전에 어머니에게 그 지갑에 있는 돈을 주일학교 만드는 데에 사용해 달라는 유언을 남기고 세상을 떠났습니다. 그 지갑에는 겨우 57센트가 들어 있었습니다. 그다음 주에 이 사실이 그레이스 침례교회에 알려지게 되었고, 모든 교인은 침묵 속에 많은 것들을 깨닫게 됩니다. 그리고 그들은 새롭게 교회를 봉헌하기로 하고 다양한 방법으로 건축헌금을 하기 시작했습니다. 그 교회 교인들은 대부분 육체 노동력으로 생계를 꾸려 가는 분들이었기에 가난한 사람들이었습니다.

1. 점점 닮아가는 중입니다

하티의 모범에 자극받아 저축을 시작하였고, 차비를 아껴 헌금하기 위해 웬만한 거리는 버스나 택시를 타지 않고 걸어서 다녔습니다. 어떤 교인은 담배와 술을 끊었습니다. 일 년 내내 휴가를 가지 않는 분들도 있었습니다. 대신에 기도 모임과 전도 모임 등 소그룹 모임이 수도 없이 생기기 시작했습니다. 바자회를 열어 수익금을 건축헌금으로 사용하기도 했습니다. 그리고 결국 아름다운 교회를 봉헌 할 수 있었습니다. 봉헌식이 진행되는 동안 그 교회에는 9천 명이 넘는 사람들이 자리를 내내 꽉 채웠습니다. 작은 소녀가 드린 57센트가 이런 엄청난 놀라운 결과를 만들어 낸 것입니다.

우리는 4 복음서에 다 등장하는 오병이어의 기적을 잘 알고 있습니다. 자기희생과 헌신과 봉사, 그리고 사랑의 나눔이 얼마나 큰 기적을 가져올 수 있다는 것을 알려주고 있습니다. 여러분이 가지고 있는 작지만 의미 있는 그 무엇을 하나님께 드려 보시기 바랍니다. 그리고 여러분이 할 수 있는 자기희생과 작은 섬김과 나눔과 헌신을 교회와 교우들과 이웃들과 가정에서 실행해 보시기 바랍니다. 분명 놀라운 기적, 그리고 모든 사람에게 감동을 주는 복되고 기쁜 일들이 여러분 주변에서 경험되어질 것입니다. 나의 연약함마저도 위대하게 사용하시는 하나님의 전능하심과 위대하심을 믿을 때 우리들의 삶에서 기적은 상식이 될 것입니다.

마음에 새길 성경 말씀

누가복음 6장 38절
주라 그리하면 너희에게 줄 것이니 곧 후히 되어
누르고 흔들어 넘치도록 하여 너희에게 안겨 주리라
너희가 헤아리는 그 헤아림으로
너희도 헤아림을 도로 받을 것이니라

사도 바울을 닮아갑시다

주님께 선택된 '한 사람'

　　기독교 역사상 바울처럼 거대한 영향력을 행사한 주님의 제자는 없을 것입니다. 예수님을 구주로 영접하기 전에는 누구보다 특심으로 기독교와 그리스도인들을 박해했던 그 시대의 최고 안티그리스도인 이었습니다. 그러나 하나님의 역사는 늘 예기치 않은 곳에서 전혀 예기치 않는 사람에게서 시작됩니다! 다메섹 길거리에서 주님은 갑자기 바울을 찾아오십니다. 물론 그분에게는 '갑자기'란 단어가 전혀 어울리지 않습니다. 그러나 바울이 부활하신 예수님의 영을 만났을 때 나흘 동안 눈으로 아무것도 볼 수 없었습니다. 다시 눈으로 볼 수 있었을 때는 눈에서 비늘이 벗겨져야 했습니다.

　　그의 눈을 가리고 있었던 비늘은 무엇을 상징할까요? 율법에 함몰된 자신의 자아일 것입니다. 유대교라는 신앙적 이데올로기일 것입니다. 그의 생각을 주장했고, 그의 삶을 지배했던 어쭙잖은 선민사상이었을 것입니다. 그러나 사실 바울은 그의 내면에서 엄청난 갈등을 겪고 있었을 가능성이 짙습니다. 수 세기를 걸쳐 고착화된 율법의 조항들, 그것들이 자신의 삶을 억압하여 영적으로나 심리적으로 진정한 자유함과 기쁨을 누리지 못하게 하고 있었기 때문입니다. 영혼의 갈급함, 내면의 답답함, 그래서 늘 무엇인가 가장 큰 결핍을 겪고 있었던 존재의 목마름을 발견했던 것입니다. 그런 갈급함을 품고 다메섹으로 가던 중 그에게 진정한 자유함과 진리를 깨닫게 해 주시는 그리스도 예수를 온 인격적으로 만나게 된 것입니다.

성경을 보면 하나의 중요한 패턴이 나오는 것을 발견할 수 있습니다. 하나님은 그 시대마다 중요한 '한 사람'을 선택하여, 그 시대의 사람들에게 하나님의 메시지를 전달한다는 것입니다. 아브라함이 그랬고, 모세도 그랬습니다. 여호수아도 느헤미야와 에스라, 그리고 다니엘과 룻, 또한 다윗과 히스기야 왕, 예수님의 제자들이 그랬고, 어거스틴과 루터와 웨슬리가 그랬습니다.

주님께 선택된 '한 사람', 하나님은 이 '한 사람'을 통해 위대한 당신의 역사를 온 세상에 보이십니다. 이 '한 사람'은 하나님의 말씀을 전달하는 사람입니다. 자신들의 전 생애를 통해 예수적 삶을 살아내는 사람들입니다. 생명을 걸고 복음을 외치는 주의 종들입니다. 각자의 시대에 자신들에게 허락하신 사명에 충실했던 제자들입니다. 하나님 나라의 백성이 어떻게 살아가며 왜 살아가야 하는지를 올곧게 보여주는 위대한 신앙인들입니다.

그 '한 사람'에게 요구되는 것은 하나님을 향한 '절대적인 순종'일 것입니다. 하나님은 그 순종하는 '한 사람'을 통해, 악이 판을 치고 비진리가 진리를 윽박지르며 하나님 없다고 거짓말을 일삼는 타락한 세상을 향해 하나님의 무서운 진노의 말씀을 외치게 하실 것입니다. 부족하지만, 내가 이 시대의 그 '한 사람'이기를 소망해 봅니다. 우리 그리스도인들이 섬기는 교회가 그 '한 교회'가 되기를 원합니다. 그리스도인들이 삶의 자리에서 하나님께 선택된 그 '한 사람'으로 살아내실 수 있기를 기도합니다.

말세입니다. 주님의 재림 날이 임박한 이 세상에서 하나님이 부르시고 선택하여 세우신 '한 사람'으로 살아내는 그리스도인들이 되시기를 간절히 소망합니다. 우리 한 번 외쳐봅시다.

"나는 이 시대에 선택된 '한 사람'이다!"

마음에 새길 성경 말씀

이사야 6장 8절
내가 또 주의 목소리를 들으니 주께서 이르시되
내가 누구를 보내며 누가 우리를 위하여 갈꼬 하시니
그 때에 내가 이르되 내가 여기 있나이다
나를 보내소서 하였더니

예수님께서 말구유로 오신 이유
왜 하필 말구유였을까?

　　지금으로부터 2천 년 전 어느 날, 예수님께서는 가장 낮고 천한 말구유로 오셨습니다. 우리가 예수님을 말할 때, '보이지 않는 하나님의 보이는 형상'이란 표현을 씁니다. 하나님께서는 말구유로 오셔서 직접 사람의 삶을 사셨고 하나님이 어떤 분이신지와 인간은 어떻게 살아가야 하는 존재인지에 대해 직접 우리 인류에게 보여주시기 위해 성육신을 입으신 것입니다.

　　그렇다면 왜 예수님께서는 하필 마구간에서 태어나셔서 구유에 누우셨고 십자가를 짊어지시고 인류를 위해 화목제물이 되셨을까요?

　　첫째, 인류를 구원하시기 위해서입니다. 우리 주님께서는 죄악으로 물든 인류에게 구원의 길을 여시기 위해 오셨습니다. '예수'라는 이름의 뜻이 '자기 백성을 저희 죄에서 구원할 자(마 1:21)'라는 것은 우연이 아닌 것입니다. 그분은 죄인을 구원하시기 위해 죄인의 모습으로 오신 것입니다.

1. 점점 닮아가는 중입니다

둘째, 하나님의 존재 양식입니다. 마구간과 그 안에 있는 구유는 인간이 태어날 수 있는 가장 낮고 천한 자리일 것입니다. 하나님께서는 무엇보다도 낮은 자들의 하나님이십니다. 이 땅에서 사회적 약자로 살아가며 소외당하고 아파하고 천시당하고 우는 자들을 가장 먼저 생각하시는 분임을 보여주고 있는 것입니다. 고아와 과부 나그네를 대접하는 것은 이스라엘 백성들에게 모세의 시내산 계약 때부터 내려오는 율법이었습니다. 그러나 세상이 발전하고 제도가 세분화되며 사회적 계급이 생기면서 이스라엘 백성들은 사회적 약자들을 돌보는 것이 아니라 오히려 더욱 멸시 천대했던 것이 사실입니다. 그런 시대에 주님은 가장 낮고 천한 말구유로 오심으로 세상 사람들에게 큰 울림이 있는 메시지를 전하고 있습니다.

"인자가 온 것은 섬김을 받으려 함이 아니라
도리어 섬기려 하고."
(마태복음 20:28)

우리 주님께서 이 땅에 오신 목적이 섬기기 위함이라고 선언하고 계신 것입니다. 그렇다면 우리 그리스도인들의 삶도 당연히 섬기는 삶을 사는 것이 마땅한 것입니다.

지금 우리가 살아가는 시대는 남에게 섬김을 받기를 원하고, 내가 섬기기를 원하지 않습니다. 어찌 보면 전혀 남의 일에 관심을 두지 않는 시대입니다. 사람들 사이에 사랑의 교제와 웃음과 감사와 아름다운 관계가 완전히 사라지고 있는 시절을 우리가 살아가고 있습니다. 반려동물들에게는 사랑과 정성을 다 쏟으면서 같은 사람들에게는 무관심과 불친절과 시기와 질투를 일삼는 것이 지금 현대인들의 삶의 태도가 아닐까? 생각합니다. 우리 그리스도인들은 예수님을 따르는 자들입니다. 예수님을 주님이요 구원자로 믿고 온 인격적으로 그 믿음을 고백하는 자들입니다. 그렇다면 예수님처럼 사람을 사랑해야 합니다. 그 사랑이 우리를 섬김의 모습으로 인도할 것입니다. 여러분 주변에 있는 사람들을 주님의 심장으로 사랑하십시오. 그들을 주님의 손과 발이 되어 섬겨 보십시오. 그렇다면 우리가 머무르는 그 장소가 훈훈한 마구간이 될 것이고, 사랑이 꽃피는 향기로운 만남과 회복과 치유가 있는 작은 천국이 실현되는 장소가 될 것입니다.

마구간, 말구유는 곧 섬김과 사랑의 상징입니다.

마음에 새길 성경 말씀

누가복음 2장 11~12절
오늘 다윗의 동네에 너희를 위하여 구주가 나셨으니
곧 그리스도 주시니라
너희가 가서 강보에 싸여 구유에 뉘어 있는 아기를 보리니
이것이 너희에게 표적이니라 하더니

1. 점점 닮아가는 중입니다

불안감과 고립감을 이기는 힘
노인과 바다 - 헤밍웨이

　헤밍웨이의 소설 <노인과 바다>는 어부 산티아고와 그가 잡아야만 하는 청새치와의 흥미진진한 대결 이야기로 되어 있습니다. 산티아고는 쿠바의 유능한 어부입니다. 가난하고 늙었지만, 경험이 많은 그는 인생의 수많은 우여곡절을 모두 겪은 우리들의 초상입니다. 사랑하는 아내는 오래전에 죽었고 두 딸마저 도시로 시집을 간 뒤 그는 홀로 인생을 살아갑니다. 인생의 황혼을 맞아 딱히 할 일도 없는 이 노인에게 죽기 전에 하고 싶은 일이 하나 있습니다. 그것은 어부들 사이에 전설처럼 내려오는 청새치를 잡는 일입니다. 산티아고는 조그만 돛단배에 몸을 싣고 깊은 바다로 향합니다. 그는 플로리다와 쿠바 사이를 흐르는 파도가 높고 물살이 빠른 걸프 스트림(Gulf Stream) 해협까지 나아갑니다. 이곳은 너비 100킬로미터에 깊이가 1킬로미터나 되는 매우 깊은 곳으로 계절에 따라 커다란 포식성 물고기들이 이동하는 경로입니다.

　그는 커다란 바늘에 미끼를 매달아 180미터 수면 아래로 깊이 드리웁니다. 태양이 내리쬐는 정오가 되자 드디어 청새치가 미끼를 덥석 물었습니다. 힘이 좋은 청새치에게 배가 끌려가기 시작하고, 청새치가 뛰어오르거나 달아나려고 몸부림을 칠 때마다 낚싯줄을 감고 있는 산티아고의 손에 깊은 상처가 생겨났습니다. 3일의 사투 끝에 그는 청새치를 잡습니다. 무게는 무려 860킬로그램, 길이는 5.5미터의 대형 물고기였습니다. 그리고 그는 뿌듯한 마음을 안고 자기 집으로 돌아옵니다. 그러나 돌아오는 도중 청새치의 피 냄새를 맡은 상어 떼가 덤벼들어 결국 그 청새치는 뼈만 남게 되지요.

깊은 곳으로 가서 그곳에 그물을 던져 본 적이 있는지요? 그곳은 죽음이 도사리고 있습니다. 각종 두려움과 아픔과 고통이 뒤따르는 곳입니다. 우리를 더 먼 미지의 세계로 이끄는 불안감으로 가득 찬 곳입니다. 질병의 고통으로 인한 죽음에 대한 두려움이 드리워진 곳입니다. 경제적이고 물질적인 가뭄으로 인해 근심과 걱정과 염려가 가득한 곳입니다. 관계의 단절에서 오는 심연의 고독을 체험하는 곳입니다. 그곳에서, 불안함과 고립감 같은 감정은 우리에게 너무도 익숙한 감정이 됩니다. 그러나 그곳에 기쁨이 존재합니다. 그곳에 우리를 성장시키는 놀라움이 있습니다. 거기에 소망이 있습니다. 예수님이 우리를 회복시키시고 위로하시고 치유하시고 구원하시기 위하여 말구유로 오셨기 때문입니다. 어둠은 빛으로 인해 사라집니다. 고립감과 불안함은 구원의 기쁨이 대신합니다. 자신의 모든것을 십자가 위에서 내어주시기 위해 오신 예수님, 그분의 십자가를 통해 인류 구원의 길이 열린 것입니다. 여러분들의 가정과 인생 위에 아기 예수님께서 주시는 기쁨과 감사와 평안, 그리고 치유와 회복의 역사가 임하시길 소망합니다.

마음에 새길 성경 말씀

요한복음 15장 7절
너희가 내 안에 거하고
내 말이 너희 안에 거하면
무엇이든지 원하는 대로 구하라
그리하면 이루리라

에덴의 동쪽 - 존 스타인백(John Steinbeck)

'팀쉘(Timshel)'
삶과 운명을 지배하는 능력

예전에 너무도 유명했던 미국 배우, 제임스 딘이 주연했고 미국 소설가 존 스타인백(John Steinbeck)이 쓴 소설 <에덴의 동쪽>을 책으로나 영화로 보신 분들이 있으신가요? 이 소설책의 주제는 선과 악의 대결입니다. 선의 상징을 창세기에 등장하는 아벨(Abel)로, 악의 상징을 가인(Cain)으로 해석하였습니다. 그래서 소설 안에 등장하는 인물 가운데 'A'자로 시작하는 이름의 인물들은 선의 상징으로, 'C'자로 시작하는 이름의 인물들은 악의 상징으로 표현합니다. 주인공인 애덤(Adam)은 선의 상징, 찰스(Charles)와 캐시(Cathy)는 악의 상징입니다. 애덤은 자기의 집에 불을 지르고 도망한 캐시를 자기의 아내로 맞이합니다. 그리고 살리나스 계곡 해밀턴 목장 근처에서 행복한 삶을 살아갑니다. 애덤은 캐시가 어떤 여인이었는지 전혀 모르지요. 둘 사이에 쌍둥이가 태어납니다. 칼렙(Caleb)과 아론(Aron)입니다. 아이들이 태어나자, 캐시는 남편 애덤의 어깨에 총을 쏘고는 남편과 쌍둥이를 두고 도망합니다. 그리고 사창가의 여인으로 살아갑니다. 애덤은 남은 두 아들을 정성을 다해 키웁니다. 칼렙은 농사

1. 점점 닮아가는 중입니다

일과 관련된 일을 하고, 아론은 목사가 되기 위해 신학교에 입학합니다.

세월이 어느 정도 흘러 두 아들은 자신의 어머니가 사창가에서 몸을 파는 여자가 되었다는 것에 충격을 받습니다. 그 결과 선한 아론은 충격으로 제1차 대전에 참전해 끝내 전사하고 아버지 애덤은 그 소식을 듣고 뇌출혈로 쓰러집니다. 사실 이 모든 일은 칼렙이 아버지에 대한 불평과 불만으로 벌어진 일이었습니다. 그러나 애덤은 죽으면서 칼렙에게 한 마디를 남깁니다. "팀쉘(Timshel)"이 바로 그것입니다.

> "네가 선을 행하면 어찌 낯을 들지 못하겠느냐
> 선을 행하지 아니하면 죄가 문에 엎드려 있느니라
> 죄가 너를 원하나 너는 죄를 다스릴지니라."
> (창세기 4:7)

이 말씀 중, "너는 죄를 다스릴지니라"를 히브리 원전에 보면 '아타 팀솔 보(atta timshol bo)'라고 되어 있습니다. 중간에 보이는 단어 'timshol'이 바로 애덤이 마지막으로 아들 칼렙에게 남긴 말입니다. 직역하면, '다른 사람이 아닌, 네 자신이 그것(욕망, 죄)을 다스릴지도 모른다'는 의미입니다. '~을 할지도 모른다'라는 말에는 자유의지가 숨어 있습니다.

'팀쉘'은 자신의 삶과 운명을 지배하는 능력을 상징합니다. 인간은 선을 택해 죄를 지배할 수 있습니다. 또한 악을 선택해 선을 지배할 수도 있습니다. 창세기 4장에 나오는 가인과 아벨의 스토리에서 영감을 얻은 스타인백은 자신의 책에서 우리 인간에게 주어진 자유의지를 선한 곳에 사용할 것을 주문하고 있는 것입니다. 우리는 무엇이든 할 수 있습니다. 그것이 선이든 악이든 말이죠. 우리는 그리스도인입니다. 주님의 제자들이고 자녀들입니다. 그러니 우리들이 살아야 할 삶의 방식은 사실 정확히 정해져 있습니다. 그럼에도 우리는 죄성으로 인해 여전히 죄 가운데 있습니다. 그러나 주님의 보혈의 피와 그분의 긍휼하심이 우리를 여전히 선한 길로 인도하심도 깨닫습니다. 우리들의 이름이 A일지 C일지는 여러분이 선택하는 것입니다. 그 아름다운 자유의지를 A로 시작하는 이름으로 사용하시는 것이 어떨까요?

마음에 새길 성경 말씀

요한일서 2장 11절
그의 형제를 미워하는 자는 어둠에 있고
또 어둠에 행하며 갈 곳을 알지 못하나니
이는 그 어둠이 그의 눈을 멀게 하였음이라

신통기 - 헤시오도스

판도라 이야기

　호메로스의 <일리아스>와 <오디세이아>와 함께 고대 그리스인들이 문자로 남긴 최초의 작품은 헤시오도스가 기록한 <신통기>입니다. 이 책에 그 유명한 '판도라의 상자' 이야기가 들어 있지요. 제우스는 프로메테우스와 인간에게 화가 나 돌이킬 수 없는 형벌을 가합니다. 대장장이 신인 헤파이스토스에게 인간에게 고통을 줄 '아름다운 악'인 여자를 만들도록 명령한 것입니다. 흙과 물로 빚어 몸이 완성되고 네 바람이 불어와 생명을 불어넣자, 여자가 창조되었습니다. 이 여자에게 아프로디테는 비교할 수 없는 아름다움을 선사했고, 아테나 여신은 손재주와 은색 가운, 찬란하게 수놓은 베일, 목걸이 그리고 은으로 만든 정교한 왕관을 주었습니다. 포세이돈은 진주 목걸이를 선물해 바다에 익사하지 않도록 하고, 아폴론은 하프 연주와 노래하는 법을 가르쳐 주었습니다. 제우스는 바보 같고 장난기가 많은, 동시에 게으른 본성을 선사했고, 헤라는 치명적인 호기심을 주었습니다. 헤르메스는 남을 속이려는 마음과 거짓말을 하는 혀를 선물로 줍니다.

<신통기>에서는 이 여인의 이름을 밝히지 않지만, 그녀의 이름은 헤시오도스의 또 다른 작품인 <일들과 날들>에 등장합니다. 그녀가 처음으로 신들과 인간들 앞에 서자 놀라움이 그들을 사로잡았고 남자들과는 비교할 수 없는 '숨이 막힐 것 같은 간교함'이 있었습니다. 그녀로부터 여성이라는 인종이 나왔습니다. 그녀는 치명적인 인종이며, 지긋지긋한 가난 속에서는 도움이 되지 않으나 부가 있을 때는 도움이 된다고 표현했습니다. 이 여인의 이름은 '모든 선물'이라는 뜻의 '판도라'입니다. 헤르메스는 판도라에게 정교하게 만든 상자를 주면서 절대 열지 말라고 명령합니다. 그런 후 제우스는 화려한 옷을 입은 판도라를 에피메테우스에게 보냅니다.

　　프로메테우스(선견지명)는 에피메테우스(후견지명)에게 제우스의 선물인 판도라를 받지 말라고 경고했지만 그만 판도라의 아름다움에 매료됩니다. 그는 신들이 열지 말라는 상자를 바라보면서 호기심으로 가득 차 마침내 참지 못하고 상자를 열게 됩니다. 상자에서는 인간이 겪어야 할 슬픔, 재난, 불행 등 모든 악들이 빠져나왔습니다. 그리고 상자 맨 밑바닥에는 이전 것들과 전혀 다른 한 가지가 들어 있었는데 바로 '희망'이었습니다.

　　그리스 로마 신화, 재미있죠? 그리스인들은 삶은 바로 고해(苦海)라는 것을 알았습니다. 그러나 그런 고통과 아픔 가운데서도 희망을 품었던 것입니다. 그 희망이 또 오늘을 견디고 내일을 살 힘을 준 것입니다. 사랑하는 여러분! 우리가 살아가는 현

---

1. 점점 닮아가는 중입니다

실은 절대 쉽지 않습니다. 어려움과 아픔과 고통과 두려움이 도처에 존재하고 있습니다. 그러나 우리에게 희망이 있습니다. 하나님께서 함께 하신다는 희망, 모든 아픔과 불안이 사라질 것이라는 희망, 우리들의 믿음과 삶이 더 발전하고 성장할 것이라는 희망. 이 희망이 우리의 오늘과 내일을 견디며 찬양하게 만들고 있는 것입니다. 오늘도 희망을 가지세요. 하나님께서 우리에게 주신 희망, 비전, 기쁨과 사랑을 온 인격으로 경험해서 판도라의 상자를 열었으나 후회하지 않는 인생 살아가실 수 있기를 간절히 소망합니다.

> 마음에 새길 성경 말씀
>
> 예레미야 29장 11절
> 여호와의 말씀이니라
> 너희를 향한 나의 생각을 내가 아나니
> 평안이요 재앙이 아니니라
> 너희에게 미래와 희망을 주는 것이니라

정의란 무엇인가? - 마이클 샌델 Michael Sandal

Justice or Goodness
옳으냐, 선하냐?

　　마이클 샌델(Michael Sandel)이 쓴 <정의란 무엇인가, Jusice>란 책이 몇 년 전 우리나라 지성인들에게 큰 관심을 불러일으킨 적이 있습니다. 여러분들이 생각하는 정의(Justice)는 무엇입니까? 저는 이 용어가 우리들이 정신적 혹은 영적인 눈으로 '보는 것'과 많은 관련이 있다고 생각합니다. 우리네 인생은 무엇을 보고 무엇을 소중하게 여기며 삶의 다양한 관심사 중에서 어떤 것에 가장 관심을 기울이는지에 따라 결정됩니다. 그리스 철학자인 아리스토텔레스는 완전한 인간이 된다는 것은 자기 자신을 위한 능력을 개발하는 것 이상의 그 무엇이라고 말했습니다.

　　그는 <정치학>에서 한 개인이 최선을 발휘한다는 것은 '오이코스(가족)'라는 사적인 공동체와 '폴리스(도시)'라는 공적인 공동체와 깊이 연관이 있다고 말했습니다. 그래서 인간을 '정치적인 동물(zoon politikon)'이라고 정의한 것입니다. 인간은 단순히 생존하기 위해 몰려다니는 집단이 아니라 행복을 추구하

1. 점점 닮아가는 중입니다

는 생명들이 모여 있는 공동체라는 것입니다.

그렇다면 행복한 삶을 살기 위해 필요한 것이 무엇일까요? 바로 여기에서 '정의'라는 개념이 나오는 것입니다. 정의는 그 자체가 궁극적인 목적은 되지 않습니다. 정의는 우리들을 가장 행복하게 만들어 주는 수단에 불과하기 때문입니다. 정의에 있어서 가장 중요한 것은 '무엇이 옳으냐?'(Justice)의 문제가 아니라 '무엇이 선하냐?'(Goodness)의 문제입니다. 지금 우리가 사는 세상에서 일어나고 있는 모든 사건들과 사고들을 보시기 바랍니다. 모두 누가 옳으냐, 무엇이 옳으냐로 나뉨을 빚이고 있습니다. 정의롭지 못한 사회인 것입니다. 우리는 영적인 눈을 들어 지금 우리 사회에서 일어나고 있는 모든 일들 가운데 '무엇이 선하냐?'를 보아야 합니다. 그리스도인들은 예수님의 마음과 시각으로 세상을 날카롭게 볼 수 있어야 합니다. 세상은 '무엇이 옳으냐?'의 문제가 아니라 '무엇이 선하냐?'의 문제로 접근해야 진정 행복해질 수 있기 때문입니다.

그런데 지금 우리가 사는 세상은 저마다 자신들이 옳다고 주장하는 쪽으로 움직이고 있습니다. 그러니까 반목하고 비난하고 나뉘고 있는 것입니다. 만약 우리 사회와 우리가 속한 모든 공동체가 '무엇이 선하냐'로 질문의 방향을 바꾸고 그러한 시각으로 우리들의 영적인 시각을 바꿀 때 진정한 행복과 아름다움으로 살아갈 수 있을 것입니다.

그러므로 저는 '정의(Justice)'에 대한 '정의'(Definition)를

"하나님의 시각으로 사람과 세상과 사건을 보며 긍휼의 마음을 가지고 사회적 약자들과 여러 모양으로 환난과 역경과 고난과 고통 가운데 처해 있는 사람들에게 공감하며 함께 아파하며 그들을 위해 예수님의 사랑을 전하고 나누는 것"이라고 생각합니다. 오늘 누군가에게 '정의'를 베푸는 여러분들이 될 수 있기를 소망합니다.

마음에 새길 성경 말씀

시편 23편 6절
내 평생에 선하심과 인자하심이
반드시 나를 따르리니 내가 여호와의 집에 영원히 살리로다

모방의 세계
'메타버스 Metaverse'와 '미메시스 Mimesis'

플라톤은 놀이의 기원을 신과 연결해서 설명했습니다. 인간은 진지한 존재인 신이 자신의 즐거움을 위해 창조한 피조물인데, 인간은 스스로 놀이를 하면서, 신을 기쁘게 한다고 말했습니다. 신이 인간에게 일러준 놀이가 바로 '모방'입니다. 플라톤은 인간의 놀이를 '미메시스(Mimesis)'로 설명했습니다. 미메시스는 모방을 뜻하는 말로, 무언가를 비슷하게 만들거나 재현하는 것을 의미합니다. 화가는 풍경을 모방해서 그림을 그리고, 음악가는 자연의 소리를 모방해서 노래를 만드는 것이지요. 각각 시각과 청각의 모방입니다.

지금 21세기의 최고의 모방은 메타버스의 세계입니다. 상상 속의 이야기를 모방한 증강현실 세계, 서로의 삶을 기록으로 모방하는 라이프 로깅(Life logging) 세계, 현실의 구조물과 관계를 모방하는 거울 세계, 자신의 살아온 세상에 상상력을 더해 모방한 가상 세계 등이 다 모방의 세계, 즉 메타버스입니다. 사람들은 지금 메타버스라는 모방의 세계를 엄청난 속도로 발전시키고 있습니다. 이제 현실의 세계뿐 아니라 가상 세계로의 삶이 우리에게 현실로 이미 다가와 있습니다.

이런 시대에 교회는 이 메타버스의 세상에서 어떻게 살아남을 수 있으며 더욱 부흥하며 선한 영향력을 끼칠 수 있을까요? 저는 요즘 온통 이 주제와 물음을 던지며 깊이 있게 고민하고 지내고 있습니다. 그동안 우리나라의 교회들은 성경 사도행전에 나오는 초대교회를 모방하기 위해 무던히 노력하며 여기까지 성장해 왔습니다. 변화하는 교회, 주도하는 교회, 연구하고 창조적인 교회는 살아남을 것이지만 게으르고 영적인 무지 가운데 변화에 긍정적으로 대처하지 못하는 교회는 도태되고 몰락하게 될 것입니다.

우리는 다시 초대교회를 모방해야 합니다. 그들의 예배에 대한 열정을 모방합시다. 그들의 구령의 열정을 모방합시다. 그들의 모이기를 힘쓰는 노력을 모방합시다. 그들의 생명을 건 신앙생활을 모방합시다. 그들의 온 인격을 다해 드렸던 찬양을 모방합시다. 그들의 사랑과 나눔과 긍휼의 마음을 모방해야 합니다. 급변화를 거듭하는 시대, 그리고 메타버스의 시대에 우리 교회들이 살아남고 더욱 발전하며 선한 영향력을 끼치는 교회가 되기 위해 우리는 다시 초대교회를 모방해야 하는 이유가 여기 있는 것입니다. 모든 교회들이 변화를 추구하고 초대교회를 다시 모방해야 합니다. 그래야 교회들이 다시 부흥의 시대를 경험할 수 있기 때문입니다. 우리나라의 모든 교회가 초대교회의 부흥을 다시금 감격스럽게 경험할 수 있기를 간절히 기대합니다.

1. 점점 닮아가는 중입니다

마음에 새길 성경 말씀

사도행전 2장 46~47절
날마다 마음을 같이하여 성전에 모이기를 힘쓰고
집에서 떡을 떼며 기쁨과 순전한 마음으로 음식을 먹고
하나님을 찬미하며 또 온 백성에게 칭송을 받으니
주께서 구원 받는 사람을 날마다 더하게 하시니라

하나님과의 화평
이웃과의 화평

하나님 사랑 이웃 사랑

존중의 렌즈로 바라보자
경멸(contempt)의 문화

골이 깊은 갈등의 문화, 모욕과 경멸의 문화, 잔인함과 공격의 문화. 지금 우리나라의 문화를 요약하자면 위의 용어들이 떠오릅니다. 우리는 정치적 견해가 다른 사람들, 종교적 견해가 다른 사람들, 부자들, 가난한 사람들, 항상 가문의 이름에 먹칠을 하고 문제를 일으키는 가족들을 경멸합니다. 교회 안에서도 이러한 경멸은 어디에서나 찾아볼 수 있습니다. 목사가 교인을, 교인이 목사를, 교인이 또 다른 교인을 경멸합니다. 더 무서운 것은 우리 사회가 경멸의 문화에 빠져 있다는 사실에 무감각하다는 것입니다.

경멸(contempt)은 상대방이 고려할 가치도 없고 모욕당해 마땅하다고 여기는 감정입니다. 우리는 사회적, 정치적 차이만이 아니라 윤리적, 신학적 차이로도 다른 사람들을 경멸하는 데에 익숙합니다. 그렇다면 경멸의 반대말은 무엇일까요? 저는 '존중'(honor)이라고 생각합니다. 존중이 사라질 때 거기에는 경멸만 남는 법입니다. 어떤 칼럼니스트는 인간 삶의 고뇌를 설명하기 위해서 '뜨거운 미움'과 '차가운 미움'을 구별했습니다. 뜨거운 미움은 분노에서 비롯된 반면, 차가운 미움은 경멸에서 비롯된다고 합니다. 문제는 차가운 미움이 뜨거운 미움만큼이나 해로울 수 있다는 것입니다. 경멸은 사회 전체를 서로 무시하게 만들며, 우리의 사회적 삶의 안정을 파괴합니다.

처음 미국이란 나라가 건립될 당시, 13개의 작은 식민지들이 연합을 했습니다. 그 당시에 미국을 단결시킨 정신이 '에 플루리부스 우눔'(E pluribus unum:여럿에서 하나로)이었습니다. 13개의 작은 식민지들은 서로의 차이에도 불구하고 함께하는 편이 낫다는 자각 속에서 하나의 국가를 이루었는데, 서로의 차이를 극복하기 위해 애를 썼던 것입니다. 존중하지 않았다면 지금의 미국이란 나라는 지구상에 존재하지 않았을 것입니다.

경멸은 사람들을 폄하하고 자신의 분노를 정당화합니다. 사회적 안정을 파괴하며, 서로의 차이를 존중하지 못하게 함으로 화해하거나 통합하는 것을 불가능하게 만들어 버립니다.

사랑하는 여러분! 예수님의 삶은 어떠셨습니까? 그분은 만나는 모든 사람을 존중의 렌즈로 바라보셨습니다. 그분은 세리나 창녀, 죄인, 부랑자, 사마리아인을 경멸의 눈으로 보시지 않았습니다. 그들을 하나님의 영광의 면류관을 쓴 존귀한 존재로 보셨습니다. 우리가 상대방을 경멸의 눈이 아닌 존중의 시각으로 바라볼 때, 타자는 가족이 되고 친구가 됩니다. 그리고 상대방의 가치를 발견하게 됩니다. 서로 용납하고 사랑하며 환대하는 삶을 살게 됩니다.

경멸이 난무하는 시대에 우리 그리스도인들은 상대방을 예수님의 사랑으로 대하며 존중의 렌즈로 바라볼 때 우리들이 살아가는 그 삶의 자리에 하나님의 나라가 확장되며 실현되는 놀랍고 아름다운 역사가 경험되어질 줄로 믿습니다. 경멸을 사라지게 하는 것은 존중과 배려와 사랑뿐임을 우리 마음속에 깊이 새기고 실천하는 그리스도인들이 됩시다

마음에 새길 성경 말씀

에베소서 4장 31~32절

너희는 모든 악독과 노함과 분냄과 떠드는 것과 비방하는 것을
모든 악의와 함께 버리고
서로 친절하게 하며 불쌍히 여기며 서로 용서하기를 하나님이
그리스도 안에서 너희를 용서하심과 같이 하라

진정한 기쁨으로 나아가는 방법

"기뻐하라" 명령하신 이유

"주 안에서 항상 기뻐하라 내가 다시 말하노니 기뻐하라."
(빌립보서 4:4)

복음은 본질적으로 '기쁜 것'입니다. 복음은 슬픔을 기쁨으로, 염려를 찬양으로 바꾸는 능력이 있습니다. 하나님은 우리에게 항상 기쁨을 주시기 원합니다. 그래서 성경은 끊임없이 우리에게 '두려워하지 말라, 염려하지 말라, 낙심하지 말라'고 이야기하는 것입니다. 그런데 우리들이 살아가는 현실 세계는 우리에게 언제나 절망과 아픔과 염려와 근심과 걱정을 가져다줍니다. 부부 관계로부터 오는 불안함, 부모, 자식 관계로부터 오는 근심과 걱정, 물질적인 염려, 그리고 질병이 가져다주는 다양한 고통은 우리에게 절망감을 심어주고 미래에 대한 불확실성은 더욱 우리를 슬픔으로 몰아갑니다. 우리들이 살아가는 현실은 절대 만만하지 않습니다.

그러나 우리가 반드시 기억해야 할 것이 있습니다. 기쁨이라는 것은 본질적으로 절대 외부로부터 오는 것이 아니라는 것입니다. 외부 상황은 우리에게 근심과 슬픔을 줄 뿐입니다. 오직 성령께서 우리들의 마음과 생각을 주장하실 때 우리는 참 기쁨과 소망을 품을 수 있게 되는 것입니다. 세상이 우리에게 기쁨을 주지 못하는 것은 우리가 살아가는 세상이 타락했기 때문입니다. 타락한 세상의 본질은 어둠입니다. 절망입니다. 더 나아가 사망을 가져다줍니다. 그러나 하나님 나라의 본질은 빛입니다. 희망이고 기쁨이고 평강입니다. 더 나아가 우리에게 영원한 생명을 허락하십니다.

진정한 기쁨을 누리며 사시기를 원하십니까? 우리는 살아 계신 하나님께 기도해야 합니다. 우리들의 삶을 둘러싸고 있는 절망과 아픔과 걱정과 근심과 어두움을 물리쳐 달라고 기도해야 합니다. 더 나아가 우리에게 진정한 기쁨과 소망과 감사가 넘치는 삶을 살아갈 수 있는 힘과 능력을 달라고 기도해야 합니다. 성령께서 우리들의 생각과 마음과 육신의 삶을 지배해 달라고 간구해야 합니다.

성경의 위대한 인물들은 다 기도의 사람들이었습니다. 그들의 삶은 평탄하지 않았습니다. 죽음의 고비를 수도 없이 넘겼고, 다양한 핍박과 회유와 누명과 죽음의 공포 속에 있었지만 살아서 역사하시는 주님께 기도함으로 모든 것을 이겨내고 기쁨과 소망을 품은 사람들이었음을 기억해야 합니다.

삶이 힘드시죠? 그리고 정신적으로나 육신적으로 아픔을

겪고 있어 삶의 의욕을 잃어가고 있는 분들이 있습니까? 사랑하는 여러분! 비록 우리들의 현실은 우리들을 절망과 아픔과 걱정과 근심으로 이끌어 가려고 하지만 우리가 기도할 때 하나님께서 우리들의 삶을 절망에서 희망으로, 근심과 걱정을 찬송과 감사로 바꾸시고 기쁨이 충만한 삶으로 인도하실 것입니다.

마음에 새길 성경 말씀

느헤미야 8장 10절
여호와로 인하여 기뻐하는 것이 너희의 힘이니라

진정한 기쁨으로 나아가는 방법

진정한 성공

우리들은 모두 인생에서 성공하기를 원합니다. 그리고 이미 성공했거나 성공의 길을 걸어가고 있는 사람들을 무척이나 부러워하기도 합니다. 문제는 성공한 사람들을 부러워하기만 하지 그 사람들을 더 깊이 있게 배우고 따라 해보려는 생각은 하지 않는다는 것입니다. 물론 가끔은 굳은 결심을 가지고 그들의 삶을 모방해 보려는 시도를 하지만 오래가지 못하고 중간에 포기하게 됩니다.

유명한 온·오프라인 강사이자 유튜버인 김미경 씨가 이런 말을 합니다. '세상을 좀 만만하게 보셔도 됩니다.' 왜냐하면 '사람들이 생각보다 열심히 살지 않기 때문입니다.' 김미경 씨의 말이 우리들의 고개를 끄덕이게 합니다. 실제로 사람들은 그렇게 열심히 살려 하지 않습니다. 대부분은 편안함을 추구하고 변화를 싫어하거나 두려워합니다. 또한 자기를 더욱 멋진 사람으로 개발하려는 노력을 하지 않습니다. 그러니까 남들보다 조금만 더 노력하면 얼마든지 성공할 수 있는 길이 열리게 되는 것입니다.

사랑하는 여러분! 여러분들의 삶의 자리에서 성공하기를 원합니까? 네 가지를 추천해 드리고 싶습니다.

1. 베풀며 살라!

인색한 사람은 절대 인생을 성공할 수 없다는 것이 저의 인생철학 중 하나입니다. 우리 주변에서도 인색한 사람들 가운데 인격적이거나 다른 사람들에게 인정받는 사람을 본 적이 없습니다. 주변에 있는 지인들에게 식사 대접도 적극적으로 하시고, 말이나 행동으로 다른 사람들을 칭찬하고 이해하고 필요를 채워 줄 때 그들이 여러분을 성공한 사람으로 만들어 줄 것입니다.

2. 완벽함을 추구하지 말고 실수를 인정하라!

사람들이 너무 완벽함을 추구하다가 성공을 놓치는 경우가 많습니다. 대부분의 사람들은 완벽한 사람을 좋아하지 않습니다. 오히려 좀 빈틈이 있는 사람, 어딘가 좀 어리버리한 부분이 있는 사람들에게 매력을 느낍니다. 더 나아가서 자신의 실수를 위트와 웃음과 정직함으로 인정하는 사람을 좋아합니다. 성공한 사람들은 완벽한 사람들이 아니라 오히려 더 인간적인 사람들이라는 것을 기억해야 합니다.

3. 항상 긍정의 말을 선포하라!

경제적 논리로 보더라도 대부분 물질적으로 넉넉하고 큰 부를 이룬 사람일수록 그들의 언어가 긍정의 언어이고 미래지향적이며 창조적이라는 것을 알 수 있습니다. 누구를 만나든 상대방의 장점을 찾아내 칭찬합니다. 그러나 가난한 사람들은 대부분 불만의 목소리를 높입니다. 누군가를 비판하고 부정적인 말을 하는 것이 습관화되어 있습니다.

철학자 하이데거는 '언어는 존재의 집'이라고 말했습니다. 우리들의 언어가 우리들의 인생을 이끌어 간다는 것을 기억해야 합니다. 그러므로 언제나 긍정의 언어, 상대방을 살리는 말을 습관적으로 사용하시길 소망합니다.

4. 인생의 위기가 왔을 때 더욱 하나님을 의지하라!

우리는 늘 크고 작은 위기를 만납니다. 그것이 인생입니다. 육신의 위기, 관계의 위기, 경제적 위기, 신앙적 위기가 우리들의 인생을 힘들고 아프게 할 때가 있습니다. 그러나 우리들에게는 하나님 아버지가 계시다는 것을 기억해야 합니다. 그분은 우리들을 십자가에서 죽기까지 사랑하시는 분입니다. 우리들을 주무시지도 않으시며 졸지도 않으시며 보호하시는 분이십니다. 하나님을 의지하고 그분의 사랑을 온 인격적으로 경험하며 나아가는 사람들이 인생을 진정 성공하게 될 것입니다.

주님과의 샬롬

'하나님과의 화평한 삶'이 바로 '건강한 삶'

　우리는 모두 정신적으로나 심적으로 영적으로나 육신적으로 건강하기를 원합니다. 그런데, 많은 그리스도인이 건강을 위해 할 수 있는 가장 좋은 방법이 마음을 하나님과 화평하게 하는 것임을 모르고 있습니다. '평화'라는 개념은 국가와 교회공동체와 조직과 가정에서 정말 강력한 위치를 차지하는 개념입니다. 평화는 성경 전체를 흐르는 가장 중요한 개념 중의 하나입니다. 예수님께서 이 땅에 오신 이유도 결국 인류에게 평화를 주시기 위함이라고 할 수 있습니다. 하나님과 우리가 같은 뜻과 같은 마음이 될 때 우리 안에 찾아드는 감정이 바로 평화입니다.

　우리 안에 평안의 감정이 자리를 잡는다면 우리들의 삶 전반에 걸쳐 반목과 시기와 질투와 다툼과 경쟁이 사라질 것입니다. 또한 사람들끼리 서로 존중하고 사랑하고 배려하고 용서하며 격려하고 용기를 주는 행위들이 자연스러워질 것입니다. 그러나 지금 우리들이 사는 세상을 보면, 개인이든 가정이든 공동체이든 국가 간이든 평화의 상태를 찾을 수 없을 정도로 무질서와 다툼과 경쟁과 반목과 각종 전쟁이 판을 치고 있으니, 그리스도인의 한 사람으로 너무 안타깝고 슬픈 마음을 금할 수가 없습니다. 평화(샬롬)는 말 그대로 "다시 하나가 되는 것"을 의미합니다. 즉, 우리의 생각과 마음이 하나님의 말씀과 일치할 때 우리는 평안을 누리게 된다는 뜻이며, 사람들 사이에 화해와 일치를 통해 평화를 누리며 연합하여 선을 이룬다는 뜻입니다.

그러므로 우리는 우리의 삶 전반에 걸쳐 평화를 가장 중요한 삶의 가치로 여기며 주변 사람들과 화목하고 평화롭게 지낼 수 있도록 노력해야 합니다. 그러기 위해 우리는 무엇보다도 먼저 우리 주님과 화평을 누려야 합니다. 우리들의 마음과 뜻이 오로지 주님을 향해 있어야 합니다. 하나님의 말씀을 깊이 묵상하는 시간을 가져야 합니다. 그분의 말씀과 뜻을 날마다 깊이 묵상하여 그분의 깊은 마음을 온 인격적으로 경험할 때, 우리의 마음과 정신과 영혼과 육신에 기쁨과 평안과 즐거움을 얻게 될 것입니다.

이기주의와 교만이 극에 달한 시대입니다. 그러므로 현대인들의 마음속에는 평안과 참 기쁨이 없고, 공허함과 쓸쓸함과 이름 모를 분노와 불안감으로 채워져 있는 것이 현실입니다. 그러므로 하나님과의 관계를 먼저 재설정하시고 그분의 말씀과 뜻을 깊이 있게 묵상하여 마음에 참 평안과 기쁨과 감사와 행복이 넘쳐나는 인생을 살 수 있기를 소망합니다. 기억하시기를 바랍니다. 우리 주님과의 관계를 아름답게 만들어 갈 때 우리는 진정한 평화를 누리게 된다는 것을 말입니다.

즐거운 지식 / 권력에의 의지 - 니체

이데올로기

　니체는 <즐거운 지식>에서 신을 '지금까지 세계에 존재했던 모든 것 중에 가장 정직하고 강력한 존재'로, 인간을 '살인자 중의 살인자'로 묘사했습니다. 그리고 <권력에의 의지>라는 책에서 니체는 이 살인 행위로 인해 20세기 이후에 어떤 일이 벌어지는지 예측했습니다. 그는 두 가지 주요한 결과를 예언했습니다. 허무주의와 전체주의적 이데올로기가 그것입니다. 니체와 그 유명한 도스토옙스키(Dostoevskii)는 공산주의가 종교나 허무주의를 대신하는 합리적이고 일관성 있고 도덕적인 대안으로서 사람들을 매료시킬 테지만, 그 결과는 치명적일 것이라고 예견했습니다. 니체는 허무주의와 전체주의적 이데올로기에서 벗어날 수 있는 유일한 방법은 자기만의 가치를 창조하고, 그에 따라 살 수 있을 만큼 강한 개인이 되는 것이었습니다. 니체는 이런 인간을 '초인(Übermensch)'(더 높은 인간)으로 표현했습니다. 그러나 니체도 인정했듯이 이데올로기가 판을 치는 세상에서 '초인'으로 산다는 것은 거의 불가능한 일이라고 말합니다.

　이데올로기의 위험성과 파괴성은 이미 역사가 증명했습니

다. 대표적인 예가 바로 나치즘이고 북한과 중국의 공산주의입니다. 공산주의적 이데올로기는 냉소와 교만으로 가득 차 있습니다. 다른 사람들의 생각과 사상과 문화와 종교를 인정하지 않습니다. 경제적 부는 소수에게 편중됩니다. 그들이 가지고 있는 권력은 일반 민중들을 향하여 그들을 억압하고 착취하는 도구로 사용합니다. 자신들에게 반항하거나 항거하는 집단이나 개인에게는 처절하게 보복합니다. 무엇보다 그들은 신의 존재를 완강하고 철저하게 부정합니다. 특히 기독교인들을 가장 미워하고 제거의 대상이라고 생각합니다. 그래서 '종교는 아편이다'라는 말을 서슴없이 하는 것입니다.

우리나라는 자유민주주의 국가입니다. 또한 하나님의 은혜와 인도하심 가운데 세워진 국가입니다. 이승만 대통령에 대한 여러 가지 해석이 따르지만(모든 대통령들에게는 공과가 있음) 그분에게 있어서 가장 위대한 업적은 기독교적 가치 위에 우리나라 정부를 세웠고 법을 만들었다는 것입니다. 애국가에도 '하나님이 보우하사 우리나라 만세'가 들어 있는 이유도 거기에 있습니다.

사랑하는 여러분! 우리 모두에게는 이데올로기적 가치가 있습니다. 그러나 그 이데올로기는 하나님을 향한 믿음의 가치 위에 절대 군림할 수 없는 개념입니다. 지금 이 시대는 이데올로기가 판을 치고 있습니다. 니체가 예견한 것이 온전히 맞아 떨어진 것입니다. 국가도 사회도 교회도 그리고 가정도 이데올로기적 긴장감과 편 가르기가 극에 달해 있는 형국입니다. 우리는 그리스도인들입니다. 그리스도인들은 예수님의 생각, 예수님의 가치관, 예수님의 말씀을 따라 사는 사람들이지 이데올로기를 따라 사는 존재들이 아님을 기억해야 합니다. 기독교는 위대합니다. 아니, 우리 하나님께서는 위대하십니다. 그분이 우리들의 왕이시고 주인이십니다. 그러므로 그분을 향한 믿음이 이데올로기를 절대적으로 상회하는 개념입니다. 그리스도를 중심으로 한 믿음으로 철저히 무장하셔서 이데올로기가 판을 치고 있는 지금의 세상을 하나님의 관점으로 바라보며 늘 승리하시는 그리스도인들이 될 수 있기를 소망합니다

마음에 새길 성경 말씀

고린도전서 1장 10절
형제들아 내가 우리 주 예수 그리스도의 이름으로
너희를 권하노니
모두가 같은 말을 하고 너희 가운데 분쟁이 없이 같은 마음과
같은 뜻으로 온전히 합하라

레밍 딜레마 Lemming Dilemma - 데이비드 허친스

생각의 거세 - 레밍 딜레마

데이비드 허친스의 <레밍 딜레마 Lemming Dilemma>에는 일명 레밍, 즉 나그네쥐들이 나옵니다. 이 쥐들은 일 년에 한 번씩 절벽 끝에서 점프하며 떨어지는 축제를 벌입니다. 그런데 다른 쥐들이 절벽에서 떨어지는 모습을 바라보며 '에미'라는 쥐는 "레밍들이 왜 절벽에서 떨어져야 하지? 꼭 그래야 하는가?"라는 의문을 갖습니다. 지금까지 이런 의문을 품은 쥐는 없었습니다. 모든 쥐들이 맹목적으로 다른 쥐들을 따라 절벽에서 몸을 던지는 대열에 속해 있었지만 의문을 품은 쥐 에미는 다른 쥐들에게, 왜 절벽에서 떨어져야 하는지를 묻지만, 어리석은 질문을 하지 말라며 심한 핀잔을 듣습니다. 에미는 절벽 끝에 앉아 건너편에 있는 나무를 바라보며 생각합니다. '혹시 골짜기 너머 저곳에 우리가 모르는 새로운 세상이 있는 것은 아닐까?' 에미는 반드시 지켜야만 하는 관습처럼, 골짜기로 떨어지는 대열에 줄을 서지 않고 탈출을 시도합니다. 고무줄처럼 질긴 풀을 엮어 긴 줄을 만든 다음 자신의 몸에 묶고 그 줄이 자신을 절벽에서 떨어질 때 끌어당기도록 한 것입니다. 에미는 모든 레밍들이 절벽으로 뛰어 내릴 때 함께 뛰어 내립니다. 그때 에미는 알게 되었습

니다. 절벽에서 떨어지는 행위는 다시는 돌아올 수 없는 죽음의 세계라는 사실을 말입니다.

지금 우리가 사는 세상도 레밍들의 행위를 그대로 따라하고 있는 모양입니다. 신문이나 잡지, 스마트 폰, 다양한 SNS를 통해 세상의 모든 소식을 쉽게 접할 수 있습니다. 우리가 스마트 폰과 문명의 이기를 아무런 생각 없이 사용하는 동안 모든 현대인들의 가치관과 생각은 관습적으로 세상에 동화되고 전혀 자신의 행위를 의식하지 못하는 방식으로 습관화되고 세속화되고 있습니다. 자신이 지금 어디로 향하고 있는지, 무엇을 하고 있는지, 진정 어느 방향으로 나아가야 할지를 깨닫지 못한 채 그냥 남들이 살아가는 방식으로 따라가고 있는 것입니다. 가장 무서운 삶의 방식은 의심도 하지 않고 그냥 따라 살아가는 방식입니다.

우리는 그리스도인입니다. 우리는 세상 사람들이 가는 넓은 길, 쾌락의 길, 성공의 길, 안정적인 길, 물질을 추구하는 길을 따라 사는 인생들이 아닙니다. 우리는 그리스도의 길을 따라 사는 인생들입니다. 주님께서 원하시는 삶의 방식, 그분을 닮은 삶으로 살아가야 하는 인생이라는 것입니다. 주님은 사랑이었습니다. 배려였습니다. 섬김이었습니다. 용서였습니다. 약자들의 친구가 되었습니다. 결국 그분은 십자가 위에서 자신을 다 내어 주었습니다. 세상 사람들이 사는 방식과는 완전히 다른 삶의 방식이었습니다.

지금, 이 시대야말로 예수님의 삶의 방식이 필요합니다. 세상 사람들은 레밍의 삶의 방식으로 살아갑니다. 그것이 진정 사망의 길인지도 모르고 말입니다. 그러나 우리 그리스도인들은 주님의 삶의 방식으로 살아가는 자들입니다. 그 끝에 영원한 생명이 있기 때문입니다. 지금 계신 곳에서 세상 사람들의 삶의 방식이 아닌 그리스도의 삶의 방식으로 살아내십시오. 우리는 그리스도인이니까요.

마음에 새길 성경 말씀

골로새서 2장 6~7절
그러므로 너희가 그리스도 예수를 주로 받았으니
그 안에서 행하되
그 안에 뿌리를 박으며 세움을 받아
교훈을 받은 대로 믿음에 굳게 서
감사함을 넘치게 하라

유대인의 '체다카 저금통'
'우월욕망 Megalothymia'과 '대등욕망 Isothymia'

우리 인간은 여러 욕망의 존재라 할 수 있습니다. 높아지려는 욕망, 많이 가지려는 욕망, 다른 사람을 정복하고 다스리려는 욕망, 인정받으려는 욕망, 많이 배우며 알려는 욕망, 더욱 예뻐지고 아름다워지고 멋있어지려는 욕망, 오래 살고 싶은 욕망, 더 건강하고 싶은 욕망, 더 많이 먹으려는 욕망 등 이루 말할 수 없는 욕망 덩어리가 인생이 아닐까? 라고 생각합니다. 이런 수많은 욕망에 사로잡혀 있는 이유는 우리 안에 내재하고 있는 가장 큰 두 개의 욕망 때문입니다. '우월욕망'(Megalothymia)과 '대등욕망'(Isothymia)이 그것입니다. 사람은 누구나 다른 사람보다 우월감을 느끼고 싶어 합니다. 그래서 반작용으로 대등욕망을 느끼는 것입니다. 평등, 정의, 공평이라는 고귀한 단어들이 난무하고 있는 이유가 바로 대등욕망 때문이죠.

그런데 유대인들은 일반 현대인들과 좀 다르게 생각하고 있습니다. 유대인이라면 누구나 '체다카 저금통'을 가지고 있습니다. '체다카'라는 히브리말은 '올바름', '의', '경건함', '미덕', '친절함'이란 많은 의미를 담고 있는 깊이로 흐르는 단어들입니다. 유대인 부모는 아이가 생후 8개월이 되면 체다카 저금통을 선물합니다. 그 때부터 아이는 동전이 생기면 저금통에 모읍니다. 그렇게 모은 저금통은 지역의 가까운 고아원이나 가난한 이웃에게 기부를 하는 것이 목적입니다. 부모와 함께 동전이 가득 찬 저금통을 기부하고 돌아오는 길에 부모는 아이에게 선행의 가치를 설명해주고 아이에게 큰 칭찬과 아낌없는 축복을 전하는 것이죠. 아이는 자연스럽게 기부와 자선의 가치를 깨달으며 성장하는 것입니다. 유대인 부모들은 자녀들에게 남보다 더 잘하기보다는 남들과 다르게 되라고 가르칩니다. 이것이 유대인들의 민족적 힘이라고 생각합니다.

'나눔'과 '베풂'은 우리 주님께서 우리에게 온몸으로 가르쳐주신 삶의 자세입니다. 내 것 만을 주장하고 이기적이고 자기중심적으로만 살아가는 현대인들에게 지금 가장 필요한 삶의 자세인 것 입니다. 우리도 우리들의 이웃들에게 '체다카'를 행사하며 살면 어떨까요? 그래서 우리가 살아가는 그 작은 공간, 그 짧은 순간이라도 우리 주님께서 원하시고 기뻐하시는 삶의 방식으로 살아보는 건 어떨까요? 우리는 하나님의 자녀이고 우리 주님의 십자가의 보혈로 구원받은 하늘나라의 상속자들이기 때문입니다.

마음에 새길 성경 말씀

디모데전서 6장 17·18절
네가 이 세대에서 부한 자들을 명하여 마음을 높이지 말고
정함이 없는 재물에 소망을 두지 말고 오직 우리에게 모든 것을
후히 주사 누리게 하시는 하나님께 두며
선을 행하고 선한 사업을 많이 하고 나누어 주기를 좋아하며
너그러운 자가 되게 하라

무의미한 타자가 아닌,
위대한 타자

오늘날 우리는 규율사회가 아니라 모든 것을 소비할 수 있게 만드는 '소비사회'에 살고 있습니다. 우리가 살고 있는 현대 사회에서 돈 주고 매매하지 못할 것은 거의 없습니다. 예를 들어 보면, 성인이든 아이들이든 폭력적인 게임을 통해 얼마든지 폭력을 사고 팔 수 있습니다. 이것을 요즘 현대어로 '폭력의 포르노'라고 부릅니다. 폭력의 포르노는 살인조차 고통 없는 사건으로 만들어 버립니다. 이런 영상들은 우리가 타인의 고통에 대해 둔감해지도록 이끌고 있습니다. 갈수록 공감이 상실 되어가는 것은 결국 '타자의 소멸'이라는 근본적인 위험으로 우리 인류를 이끌고 있는 것입니다. 타자는 더 이상 의미를 상실하고 대상이 되어 버립니다. 그리고 대상이 된 타자는 더 이상 고통을 주지 못합니다. 나와 전혀 상관없는 단순한 타자이기 때문입니다.

예수님을 생각해 봅시다. 그분에게 있어서 인류는 구원받아야 할 존재들이었습니다. '상관없는 타자', '관심 없는 타자'가 아니라 함께 공감하고 아파하고 기뻐하고 안타까워해야 할 존재들이었다는 것입니다. 그래서 그분은 십자가를 지신 것입니다.

타자들을 위해 말입니다. 공감의 능력과 배려의 미덕이 급격히 사라져 가고 있는 갈등의 시대, 단절의 시대에 우리 그리스도인들은 먼저 우리 주님과 영적으로 긴밀히 연결되고, 우리들의 이웃들과 정서적으로 친밀하게 연결되어 '무의미한 타자' 혹은 '상관없는 타자'가 아닌 사랑하고 존중하고 이해하고 함께 살아야 할 위대한 타자들임을 온 인격으로 깨닫는 삶을 살아야 할 것입니다. 공감의 능력이야 말로 지금 이 시대에 가장 필요한 리더의 최고 덕목이 아닐까 생각해 봅니다.

마음에 새길 성경 말씀

마태복음 5장 7절
긍휼히 여기는 자는 복이 있나니
그들이 긍휼히 여김을 받을 것임이요

다윗과 요나단의 우정

브로맨스 "Bromance"

- 사무엘상 18:1 -
"다윗이 사울에게 말하기를 마치매
요나단의 마음이 다윗의 마음과 하나가 되어
요나단이 그를 자기 생명같이 사랑하니라."

다윗과 요나단의 "Bromance"(남자들 간의 진한 우정)를 나타내 주고 있는 말씀입니다. 다윗에게 요나단이라는 멋진 친구가 없었다면 사울 왕에게 벌써 죽임을 당했을 것입니다. 룻과 나오미 간의 아름다운 고부관계, 예수님과 사랑하는 제자 요한과의 사제관계는 우리에게 교회공동체의 모형을 보여주기에 충분하다 생각되어집니다. 교회는 사람들이 이런 우정과 사랑을 찾는 마지막 장소가 아니라 첫 번째 장소가 되어야 합니다.

교인들이 서로에게 형제와 자매, 아버지와 어머니, 아들과 딸이 되어 주면 어떨까요? 결혼한 교인들과 결혼하지 않은 교인들이 서로 가족이나 다름없이 지내서 교회 안에 결혼하지 않은 사람은 있어도 '싱글'은 단 한 명도 없게 만들어야 한다고 생각합니다. 교회가 혼자 사는 것이 감옥이 아니라 예수님과 교제하고 하나님 나라의 일을 섬길 기회라는 사실을 발견할 수 있는 곳이 되면 얼마나 좋을까요? 교회가 결혼하지 않은 사람들과, 상처 가운데 이혼한 사람들과, 다양한 문제를 지닌 사람들을 주님의 사랑으로 포용하고 받아주며 아픔을 치유하고 외로움을 달래주는 진정 사랑의 공동체가 되면 어떨까요? 저는 우리가 섬기는 교회가 다양한 사람들이 모여 주님의 사랑과 은혜를 흠뻑 경험하고, 험하고 힘든 세상을 살아낼 에너지와 삶의 이유를 발견하게 만드는 교회공동체가 되기를 간절히 소망합니다. 오늘도 여러분들을 주님의 이름으로 응원하고 사랑합니다. 멋진 일상을 살아내시길 간절히 기도합니다. 우리는 주님 안에서 한 가족입니다.

마음에 새길 성경 말씀

빌립보서 2장 2절
마음을 같이하여 같은 사랑을 가지고
뜻을 합하며 한마음을 품어

신곡 - 단테

배신을 넘어선 사랑

　　라틴어 '에 투 브루테(et tu Brute)'를 번역하면 '브루투스, 너마저!'입니다. 이 문장은 로마의 황제 카이사르가 자신을 암살하려는 브루투스에게 던진 말입니다. 단테의 <신곡>에 보면 <지옥편>이 나옵니다. 단테는 브루투스와 예수님을 배신한 가룟 유다가 '코키투스(Cocytus)'라는 지옥에 감금된 장면이 등장합니다. 단테는 지옥의 맨 밑바닥을 '통곡의 강'이라는 의미를 지닌 '코키투스'라 명명한 것입니다. 지옥의 아홉 번째 단계인 이곳은 얼어붙은 강으로, 배신한 자들이 그 안에 몸을 담그고 목만 얼음 위로 내놓은 채 고통을 받는 장소입니다.

　　브루투스와 가룟 유다의 공통점이 무엇입니까? 자신의 주군을 배신했다는 것입니다. 브루투스는 카이사르를 자기의 아들로 생각했었고, 유다는 예수 공동체에서 돈궤를 맡을 정도로 신뢰를 받은 인물이었습니다. 그러나, 그들은 자신들의 정치적 야욕과 자신들의 이익을 위해 자신들이 섬기고 있던 주군들을 완벽히 배신합니다. 카이사르는 브루투스가 배신할 것을 전혀 모르고 있었지만, 예수님은 가룟 유다가 자신을 배신할 것을 이미 알고 계셨습니다. 얼마나 아프셨을까요? 예수님께서는 제자들과 3년을 함께 동고동락했습니다. 하늘나라의 위대한 메시지를 날마다 증거했습니다. 사랑을 가르쳤고 소망과 희생과 섬김의 삶을 몸소 보이셨습니다. 그러나 가룟 유다는 철저히 예수님을 배신합니다.

유다는 우리 인간의 본성을 그대로 드러내고 있는 죄로 물든 인간의 전형입니다. 우리 그리스도인들 안에도 늘 배신의 아이콘이 도사리고 있습니다. 돈 때문에, 자신의 안위 때문에, 자신의 편안함과 성공을 위해, 자신의 가치관과 이데올로기 때문에 주님을 과감히 배신합니다. 나의 이익과 맞지 않고 내 생각과 다르거나 틀리면 언제든지 예수님을 배신합니다.

그분은 우리의 죄악을 대신 짊어지시고 십자가 위에서 자신의 생명을 내어 주셨습니다. 바로 나를 위해서입니다. 그분은 우리를 자신의 생명 값으로 사셨고, 그분의 사랑을 십자가 위에서 확증하셨습니다. 이제 우리의 차례입니다. 우리를 십자가에 못 박아야 합니다. 우리들의 다양한 욕심, 정욕, 이기심, 이데올로기, 명예욕과 권력욕을 말입니다. 말씀 안에 거할 때, 말씀이 우리를 주장하고 말씀이 우리를 읽을 때, 우리는 진정 '주님의 것'이 됩니다. 절대 그분을 배반할 수 없는 주님의 자녀라는 것을 깨닫게 됩니다. 말씀이 여러분들을 읽게 하십시오. 거기에 우리 인생의 아름다운 길이 보일 것입니다.

당신의 군대 대장은 누구입니까?

당신은 누구의 편입니까?

여호수아 5:13-15절에 보면, 여호수아가 이스라엘 백성들을 데리고 여리고 성을 향해 갈 때 여호수아의 눈에 갑자기 한 사람이 칼을 빼어 손에 들고 그를 마주 서 있는 모습을 보는 장면이 나옵니다. 여호수아가 그에게 묻기를 "너는 우리를 위하느냐 우리의 적들을 위하느냐"고 묻습니다. 그러자 그가 말하기를 "아니라 나는 여호와의 군대 대장으로 지금 왔느니라"고 대답합니다. 그 순간 여호수아는 얼굴을 땅에 대고 엎드려 절을 합니다. 그러자 여호와의 군대 대장은 여호수아에게 "네 발에서 신을 벗으라 네가 선 곳은 거룩하니라 하니 여호수아가 그대로 행하니라"고 말씀합니다. 여호수아는 '우리 편이십니까? 적들의 편이십니까?'라고 천사에게 묻자 '둘 다 아니다'라고 대답한 것입니다. 그리고 주권 전이를 말씀하고 있습니다. 중요한 것은 "예수님이 우리 편이신가?"가 아니라 "우리가 그분의 편인가?"입니다. 우리는 정치적인 부분 뿐 아니라 모든 삶의 부분에서도 이 질문을 해야 합니다.

혹시 예수님의 제자들 안에서도 정치적 입장이 각양각색이었다는 사실을 아십니까? 열두 제자에는 열심당원 시몬과 세리 마태가 있었습니다. 열심당원들은 정부에 '격하게 반대하는' 집단이었고, 세리들은 '정부를 위하는' 집단이었습니다. 그러나 이들은 주님 안에서 정치적인 입장을 내려놓고 제자가 되었습니다. 우리는 정치적 입장이 같고, 신앙은 다른 사람들을 즐거워하기보다, 신앙은 같지만, 정치적 입장은 다른 사람들과 함께하기를 더 즐거워해야 합니다. 그렇지 않다면 하나님께 속한 것을 가이사에게 바치는 격이 될 것입니다.

세상 정치는 필연적으로 권력 남용과 진실 조작과 정치 술수를 부려 자신들의 권력을 계속 이어 나가려 합니다. 그러나 우리 그리스도인들은 생명을 존중합니다. 육신적 생명과 영적 생명 모두를 가장 중요한 인생의 가치로 여기는 공동체입니다. 또한 예수님은 정치적으로 매우 보수적인 부분과 가장 진보적인 부분을 다 지니고 계신 분이셨지만 그분의 관심은 이 세상의 정치에 있었던 것이 아니라 하늘나라를 전파하는 것에 모든 관심이 있었습니다. 그러니까 그분은 정치를 초월한 분이셨지만 진정한 정치인들이 귀담아들어야 할 위대한 정치적 메시지를 던졌던 분이기도 합니다.

지금 우리나라는 이데올로기의 전쟁 한복판에 놓여 있습니다. 그러나 우리 그리스도인들은 이데올로기를 뛰어넘고 초월하는 믿음을 지닌 사람들입니다. 그러니 이데올로기에 지배당하는 존재가 아니라 믿음에 지배를 당하는 존재가 되어야 하는 것입니다. 그래서 하나님의 군대 대장이 여호수아에게 "네 발에서 신을 벗으라."라고 명령한 것입니다. 바로 주권 전이를 강조하고 있는 것입니다. 우리는 주님 안에서 한 영적 가족이 되었음을 기억하고 이데올로기에 지배당하는 존재가 아니라 하나님의 법과 말씀에 지배당하는 진정한 하늘의 시민권을 가진 구원 받은 자들임을 기억해야 합니다. 꼭 기억하십시오. 우리는 천국 시민입니다. 그러니 우리는 이 땅의 법과 이데올로기가 아니라 하나님 나라의 법과 말씀과 은혜를 따라야 하는 사람들입니다.

마음에 새길 성경 말씀

고린도전서 1장 10절
형제 여러분,
내가 우리 주 예수 그리스도의 이름으로 권합니다.
부디 서로 갈라지지 말고 의견을 모아
한 마음 한 뜻으로 굳게 연합하십시오.

자코모 리촐라티의 원숭이 실험

보는 대로 바뀌는 거울 신경 세포

이탈리아의 신경심리학자인 자코모 리촐라티(Giacomo Rizzolatti)는 짧은 꼬리 원숭이와 관련된 실험에서 뇌에 있는 신기한 신경 세포를 발견했습니다. 연구자들은 원숭이가 땅콩을 손으로 집기 전에 전두피질의 특정 영역 뉴런이 활성화되는 현상을 관찰했습니다. 무슨 말이냐 하면, 자기가 땅콩을 집을 때와 땅콩을 집는 사람을 볼 때, 원숭이의 뇌는 동일하게 반응을 했다는 것입니다. 다른 원숭이가 땅콩을 먹는 모습을 보거나 땅콩을 까는 소리를 들어도 마치 자신이 그렇게 행동하는 것처럼 느꼈다는 것입니다. 우리가 드라마를 보거나 영화나 유튜브를 볼 때, 거기에 나오는 배우들이나 어떤 사람들이 하는 행동이 우리에게 엄청난 영향을 미치는 것이 바로 그것을 증명하고 있는 것입니다. 드라마와 영화를 보면서 배우와 똑같이 때로는 울고 웃고 분노하고 우울해지고 아파하는 것이 여기에 해당하는 것입니다. 리촐라티는 이 뉴런을 '거울 신경 세포'라고 명명했습니다. 사람이 어떤 것을 보고 먹고 느끼느냐가 얼마나 중요한 것인지를 말해주고 있는 것입니다.

여러분들은 지금 무엇을 보고 계십니까? 어떤 것을 드시고 있습니까? 어떤 사람들과 가장 가까운 친분을 쌓고 있는지요? 사람은 대부분 보고 싶은 것만 보고 듣고 싶은 것만 듣는 습성이 강합니다. 그러기에 무엇을 보고 듣고, 누구를 사귀느냐는 우리 인생의 방향을 결정짓는 바로미터가 되는 것입니다. 그래서 우리 그리스도인들은 반드시 우리 성령님과 깊이 있는 영적 사귐을 가져야 하는 것입니다. 우리 주님과 인격적인 교제를 나눌 수 있어야 합니다. 요한처럼 우리 하나님과의 개인적인 묵시가 있어야 하는 것입니다. 그럴 때 우리는 하나님의 관점과 성서적인 세계관을 가질 수 있는 것입니다. 그 하나님의 관점으로 세상을 보고 사건을 보고 현상을 볼 때 비로써 올바르게 보게 되고 올바르게 듣게 되고 올바른 사람들과 사귈 수 있는 것입니다.

여러분들의 주변을 보시기 바랍니다. 천천히 그리고 세밀하게 관찰하시기를 바랍니다. 여러분들은 지금 올바른 사람들과 사귀고 있습니까? 그리고 올바른 정보를 보고 듣고 있습니까? 어느 한 곳으로 치우치거나 균형을 잃어버려 귀가 먹고 눈이 멀고 마음이 굳은 사람처럼 행동하고 있지는 않습니까? 우리는 그리스도인입니다. 우리는 그리스도 때문에 살고 그분으로 인해 사는 인생들입니다. 우리야말로 진정, 한쪽으로 치우친 인생들일 것입니다. 그러나 그 치우침은 우리가 진정 세상의 역사와 흐름을 올바로 볼 수 있게 하는 바로미터가 되는 것입니다. 세상의 이데올로기와 세계관은 치우치면 좋지 않으나, 하나님의 세계관과 그분의 관점으로 치우치는 것은 우리들을 영생의 길로 인도하는 위대한 치우침인 것입니다. 하나님의 관점과 성서적인 세계관으로 세상을 바라보며 사건을 파악하며 사람들 볼 수 있는 성숙한 주님의 백성들이 될 수 있기를 간절히 소망합니다.

> **마음에 새길 성경 말씀**
>
> **요한1서 4장 7절**
> 사랑하는 자들아 우리가 서로 사랑하자
> 사랑은 하나님께 속한 것이니 사랑하는 자마다
> 하나님으로부터 나서 하나님을 알고

예수 정신

영광의 무게 - C. S. Lewis

C.S.Lewis(루이스)의 책 가운데 <영광의 무게>(The weight of Glory)에 보면, 타자를 존중하고 사랑해야 하는 이유에 대해서 설명하고 있습니다. 제가 내용을 좀 줄여서 정리해 드리면 다음과 같습니다.

'신이나 여신이 될 수 있는 사람들(인간은 천국에서든 지옥에서든 영원히 살아야 하는 존재)과 함께 산다는 것은 보통 중요한 일이 아닙니다. 우리가 이야기를 나누어 본 사람 중에서 가장 지루하고 재미없는 사람도 언젠가는 당장 엎드려 절하고 싶은 존재가 되거나 악몽 속에서나 볼 법한 끔찍한 존재가 될 수도 있습니다. 우리는 이 사실을 반드시 늘 기억해야 합니다. 세상에 평범한 사람은 없습니다. 우리가 말을 주고받은 사람들은 한낱 필사(반드시 죽을 존재)의 존재들이 아니기 때문입니다. 국가, 문화, 예술, 문명 등이야 말로 반드시 사라질 필사의 것들입니다. 하지만 우리가 농담을 주고받고 함께 일하고 결혼하고 무시하고 착취하는 사람들은 불멸의 존재들입니다. 영원히 공포에 떨거나 영원히 빛날 존재들이라는 뜻입니다. 성만찬을 제외하면 이웃이 우리의 오감이 경험할 수 있는 가장 거룩한 대상인 것입니다'.

그래서인지 우리 예수님은 언제나 타자를 존중하고 사랑하며 용서하고 치유하며 격려하고 세워주고 이끌어 줄 것을 강조하셨습니다. 지금 여러분들은 누구와 함께 계신지요? 지금 곁에 있는 사람을 존중하십시오. 그리고 사랑하십시오. 서로 격려하고 위로하시기 원합니다. 내가 할 수 있는 한 최선을 다해 상대방을 도우십시오. 그게 바로 예수 정신입니다. 저는 우리 그리스도인들 모두가 이렇게 멋지고 성숙한 주님의 자녀로 살아갈 수 있기를 간절히 기대하고 소원합니다. 지금 여러분들과 함께 있는 그 분은 위대한 신입니다. 영원히 존재할 천국의 신들입니다. 그러니 주께 하듯 그들을 대하시길 바랍니다.

> **마음에 새길 성경 말씀**
>
> 잠언 15장 33절
> 여호와를 경외하는 것은 지혜의 훈계라
> 겸손은 존귀의 길잡이니라

죽은자의 집 청소 - 김완

무질서에서 질서로
Chaos to Cosmos

김완이라는 특수청소부가 자기의 경험을 적은 책이 있습니다. 김완씨는 고독사, 범죄 현장 등 여러 이유로 생명이 떠난 '죽은 집'과 저장 강박증으로 오물이 쌓인 '쓰레기 집'을 청소하는 일을 했습니다. 코를 찌르는 죽음의 냄새와 카오스가 돼버린 쓰레기 집을 무릎 꿇고 앉아 찬찬히 정리하는 그 일을, 그는 "컨트롤 제트"(Ctrl + Z, 실행취소)라고 명명했습니다. 그가 하는 일은 한 공간의 기억을 '돌이켜', 아무 일도 없었던 이전의 '텅 빈 상태'로 복원하는 일입니다. 누구든 거기서 다시 시작할 수 있도록 말입니다.

창세기에 나오는 창조 이야기에 보면, 창조 이전에 카오스(혼돈)가 먼저 있었다는 것을 알 수 있습니다. 그러니까 카오스는 창조의 모체가 되는 것입니다. 질서 이전에 무질서가 있었습니다. 질서에서는 창조가 나올 수 없는 법입니다. 코스모스(질서)는 절대 창조적일 수 없습니다. 우리 인생들도 마찬가지입니다. 삶을 태양이 떠오르고 지듯이, 혹은 달이 뜨고 사라지듯이 틀에 박힌 대로 질서정연하게 사는 사람들에게서는 창조적인 생각이 나오기란 매우 힘들 것입니다. 때로는 방황하고, 남들이 가지 않는 길을 향해 모험심과 두려움과 기대심으로 발을 내딛는 사람들을 통해 위대한 창조가 일어날 것입니다.

그런데, 요즘, 세상의 대부분의 사람들은 전혀 창조적이지 못합니다. 이유는 간단합니다. 생각하지 않고 살기 때문입니다. 고민하지 않기 때문입니다. 책이 페이스 북(Facebook)을 못 이기고, 철학이 블로그(Blog)를 못 이기고, 클래식이 트로트를 못 이기는 시대이기 때문입니다. 지금 세상을 지배하는 기업들(애플, 삼성, 메타, 아마존 등)을 보시기 바랍니다. 그들 기업이 세상을 다스리는 이유는 두 가지라고 생각합니다. 첫째는 그들이 일반 회사의 틀을 깨고 구조를 깨고 상식을 깨고 의식적으로 창조적인 생각을 하며 미래지향적인 사업을 지속적으로 구상하기 때문입니다. 둘째는 이들 기업이 달력이 아니라 지도를 보고 사업을 하고 있기 때문입니다. 더 크게 더 멀리 보며 사업을 하고 있기 때문입니다.

대부분의 사람들은 자기에게 주어진 삶의 틀과 구조를 깨지 못합니다. 그것을 두려워할 뿐 아니라 그런 생각조차 하질 못합니다. 그러니까 창조적이지 못한 것입니다. 달력을 보며 살지 지도를 보며 사는 사람들은 거의 없습니다. 때문에, 세상을 품는 사람, 세상 사람들의 마음을 읽는 사람, 그리고 부의 이동이 어디에서 어디로 움직이고 있는지를 따라가고 이끄는 사람, 현대인들의 관심이 어디에 있는지를, 지도를 보며 연구하는 사람이 세상을 지배하게 되어 있습니다. 우리 그리스도인들도 마찬가지입니다. 여러분! 달력 보며 가는 세월 한숨지으며 살지 말고, 지도 보며 큰 그림을 그리며 영혼구원의 열정을 품고 전진할 수 있기를 간절히 소망합니다.

마음에 새길 성경 말씀

히브리서 6장 11~12절

너희 각 사람이 동일한 부지런함을 나타내어
끝까지 소망의 풍성함에 이르러
게으르지 아니하고 믿음과 오래 참음으로 말미암아
약속들을 기업으로 받는 자들을
본받는 자 되게 하려는 것이니라

헤라클레스의 활

역설(paradox) - 상처와 활

트로이 전쟁이 발발했을 때, 그리스의 영웅들이 배를 타고 전쟁터로 떠났습니다. 연합군 중에 필록테테스(Philoctetes)라는 왕이 있었습니다. 필록테테스는 배를 타고 트로이로 가다 잠시 섬에 들어가 신전에서 전쟁에서 승리하게 해 달라고 빌었습니다. 그런데 거기서 재수 없게 독사에게 물립니다. 전신에 독이 올라 고통으로 소리 지르고, 상처에선 악취가 진동합니다. 결국 그리스군은 악취와 소음을 견디지 못하고 필록테테스를 렘노스(Lemnos)섬에 버리고 전쟁터로 향하게 됩니다. 육체적인 고통은 발작적으로 반복되어 필록테테스를 괴롭혔습니다. 비명을 지르다 통증이 멈추면 열매를 따먹으며 10년을 렘노스섬에서 고독하게 생존했습니다.

반면 트로이 전쟁은 쉽게 승패가 나지 않고 지지부진하게 진행이 되고 있었습니다. 병사들은 말합니다. '아킬레스 같은 영웅이 있어도 트로이를 못 이긴다. 이기려면 "헤라클레스의 활"이 있어야 한다.' 그런데 여러분! 그 헤라클레스의 활을 누가 가지고 있었을까요? 바로 무인도에 버려진 필록테테스였던 것입니다.

사람들은 필록테테스를 상처 때문에 버렸지만, 그에게는 트로이 전쟁을 이길 수 있는 유일하고 놀라운 무기가 있었던 것입니다. '상처와 활', 이것을 역설(paradox)이라고 명명할 수 있을까요?

우리는 인생을 살아가면서 많은 상처를 받습니다. 사람으로부터 받은 상처, 직업적으로 육신을 사용하다가 얻는 상처, 사고로 얻은 상처, 신앙생활을 하다가 겪는 영혼의 상처, 자기 자신에게 얻는 상처 등등. 그런데 그런 상처들이 우리에게 성장할 수 있는 자양분을 제공해 줄 때가 많은 것을 알게 됩니다. 우리에게 변화를 가져다줍니다. 우리들의 인생을 재정립하고 더 나은 삶으로 이끄는 원동력이 될 수도 있습니다. 중요한 것은 그런 상처를 역기능적으로, 혹은 부정적으로 사용하여 자신의 인생을 망치는 것이 아니라 오히려 순기능적으로, 그리고 긍정적으로 사용하여 우리를 성장 발전시키고 아름답게 변화시키는 기회가 될 수 있어야 합니다.

누구나 상처는 있습니다. 그 상처가 여러분들에게 독이 아니라 약이 될 수 있기를 소망합니다. 어디에 계시든 그곳이 여러분들을 성장시키고 회복시키고, 치유하는 거룩한 성전이 되시기를 간절히 기도합니다.

마음에 새길 성경 말씀

히브리서 12:11
무릇 징계가 당시에는 즐거워 보이지 않고 슬퍼 보이나
후에 그로 말미암아 연단 받은 자들은
의와 평강의 열매를 맺느니라

승리의 사두마차

승리보다 좋은 것 - 겸손

소가 땅의 경작과 단백질 섭취를 위해 인류에게 필요한 동물이었다면, 말은 경주와 전쟁을 위한 도구였습니다. 말을 타고 전투에 나가면 훨씬 유리한 것은 당연합니다. 그래서 국가마다 기마병을 앞다투어 키우기도 한 것입니다. 말을 타면 적진을 향해 빠르게 달릴 수도 있고, 머나먼 원정길도 말안장에 올라 편안하게 이동할 수도 있었습니다. 그래서인지 유명한 장수들의 모습은 일반적으로 기마상(騎馬像)으로 표현되며, 중세 기사들도 대부분 말을 탄 모습을 하고 있습니다.

그리스 로마신화에 등장하는 포세이돈은 '바다의 신'으로 알려져 있지만, 사실 그는 '말의 신'이기도 합니다. 그래서 포세이돈의 조각을 보면 종종 곁에 말을 두고 있거나 사두마차(四頭馬車)를 모는 모습을 하고 있습니다. 이 시대의 인간은 아무리 위대한 장군이라 할지라도 한 마리의 말에 오르는 것에 만족해야 했습니다. 사두마차는 포세이돈 신을 위한 것이었기 때문입니다. 인간이 사두마차를 타는 것은 분수를 모르는 교만한 행동으로 간주 되었습니다.

그런데 최초로 사두마차를 타고 당당히 로마로 입성한 장군이 있었습니다. 그의 이름은 마르쿠스 푸리우스 카밀루스(Camillus, BC 446-365)였습니다. 로물루스가 기원전 753년에 로마를 처음으로 창건한 인물이라면, 카밀루스는 외적의 침입으로 무너질 뻔한 로마를 구한 '로마의 구원자'요 '로마의 두 번째 창건자'로 칭송받는 인물입니다. 그러나 그는 수많은 전쟁을 승리로 이끈 후 교만해집니다. 급기야는 사두마차를 타고 로마로 입성하는 잘못을 저지르게 됩니다. 로마 시민들은 그의 앞에서는 찬사를 보냈으나 속으로는 그의 교만함을 우려하였고 머지않아 수많은 정적들이 생기게 됩니다. 결국 그는 모함받고 로마를 떠나게 됩니다.

주님은 우리에게 항상 겸손을 말씀하셨습니다. 겸손은 하나님과 사람들 앞에서 나를 낮추는 것입니다. 나의 연약함과 죄인됨을 깨닫고 오히려 고개를 숙이는 행위인 것입니다. '말 타면 종 부리고 싶다'라는 옛 성인들의 교훈이 있습니다. 우리 그리스도인들은 어디에서나 누구 앞에서나 겸손함으로 말하고 행동할 수 있어서 예수님의 마음을 시원케 하며, 다른 사람들에게 포근함과 친절함과 친근감으로 칭찬 듣는 주님의 자녀들이 될 수 있기를 간절히 소망합니다.

사랑한다면
'거룩한 터치'

　　　　1965년부터 1989년까지, 24년간 루마니아를 통치한 니콜라에 차우셰스쿠(Niclae Ceousescu)라는 아주 악한 독재자가 있었습니다. 당시 루마니아는 공산주의 국가였습니다. 세계 2차 대전이 종전 된 직후부터 루마니아도 여타 유럽 국가들처럼 베이비붐이 불면서 출산율이 높았고 자연스레 인구도 급증했습니다. 그러나 1950년대 중반 후에 피임법이 보급되면서 출산율이 점차 하락하다가 1960년대 중반에 이르자 저출산 문제에 직면하게 되었습니다.

　　　　이에 차우셰스쿠는 피임과 낙태를 금지했고 피임 기구를 수입하는 사람들을 사형에 처하기까지 했습니다. 그리고 모든 가정에 4명의 자녀를 두도록 강제조항을 만들었습니다. 반발하는 사람들에게는 '금욕세'라는 것을 정하여 세금폭탄을 매기기도 했습니다.

　　　　문제는 경제적인 이유로나 어려운 환경으로 인해 아이를 키울 수 없는 사람들이 아이를 낳아 고아원으로 보냈는데, 고아원에 아이들이 몰리다 보니, 예산과 식량이 모자라 국가 경제는 거의 파탄에 이르게 됩니다. 그러자 이번에는 '아이들이 울더라도 절대 안아주거나 반응하지 말라'는 정부의 지침이 고아원에 내려지기까지 했었습니다. 태어나자마자 고아원으로 입양된 아이들은 한 번도 따뜻하게 누군가에게 안겨보지 못했습니다. 독재정권이 무너지고 나자 15만 명 이상의 고아가 발견되었고, 그 중 이 많은 아이가 서양으로 입양되었습니다.

사랑하는 여러분! 부모의 사랑을 제대로 받지 못하고 자란 아이들은 뇌 발달 속도가 느리거나 언어 능력이 떨어지는 것은 물론이고 극단적으로 소시오패스(반사회적 인격 장애자, sociopath) 성향을 보일 수 있는 것이 특징입니다.

지금 우리가 사는 세상을 보시기 바랍니다. 정서적으로나 영적으로 고아와 같이 외로운 사람들이 너무도 많습니다. 또한 소시오패스적 성향을 보이는 사람들이 참으로 많다는 생각을 지울 수 없습니다. 공감의 능력이 떨어집니다. 다른 사람들을 배려하는 마음이 점점 사라지고 있습니다. 극도의 이기주의와 자기중심주의가 우리가 사는 세상을 더욱 아프게 만들고 있습니다.

이런 삭막하고 인간미가 점점 떨어지고 있는 세상에서 우리 그리스도인들은 어떠한 모습으로 살아가야 할까요? 주님처럼 사랑과 관심을 가지고 다른 사람들을 상대해야 합니다. 사랑은 터치(touch)입니다. 상대방의 마음을 만져주는 것입니다. 그리고 타인의 손을 잡아주는 것입니다. 터치는 관심입니다. 서로의 마음을 만져준다는 것은 서로를 깊이 생각하고 있다는 증거입니다.

우리 예수님은 우리를 사랑하셔서 우리들의 마음을 만지시고 우리의 삶 속에 깊이 들어오셔서 함께 호흡하셨습니다. 상처 입은 사람들을 외면하지 않으셨습니다. 질병을 고치셨고, 사회적 약자들의 친구가 되어 주셨습니다.

우리 주변에 반드시 외로움과 고독감으로 힘들어하는 이웃들이 있습니다. 여러 가지 이유로 인해서 삶의 목적을 잃고 마음과 영혼의 상처를 입고 슬퍼하는 사람들이 있을 것입니다. 물질의 가난으로 근심하고 걱정하며 한숨짓는 이들이 있습니다. 육신의 질병으로 인한 죽음의 두려움과 사투를 벌이는 분들도 있습니다. 그런 이들을 사랑으로 터치하시기 바랍니다. 터치는 사랑입니다. 그 사랑이 사람을 살리는 것입니다. 사랑은 관심입니다. 그 관심이 외로운 사람, 고독한 사람, 웅크리고 있는 사람들을 웃게 만들고 삶을 더욱 멋지고 생산적으로 살아갈 수 있게 이끌어 줄 것입니다. 오늘 만나는 사람들에게 먼저 손 내미시고 위로하고 격려하는 진정 '거룩한 터치'의 삶을 살아내시기를 소망합니다.

> 붓다의 가르침 속 배울 점

브라흐마 비하라(Brahma Vihara)

붓다는 인간 마음의 가장 숭고한 상태를 산스크리트어로 '브라흐마비하라'라고 했습니다. 숭고함이란 해탈의 경지에 도달해 인간의 선과 악을 넘어 자기 자신이 소멸되고 한없는 경외심이 넘치는 단계로서 '셀 수 없는/ 가늠할 수 없는/ 경계가 없는'이란 속뜻을 내포하고 있습니다. 불교에서는 이 숭고함을 네 가지의 마음의 상태로 설명하고 있는데요.

첫 번째 마음은 '마이트리(maitri)'입니다. 중국 불교에서는 이 '마이트리'를 한자 '慈(자)'로 번역합니다. 히브리어 '헤세드'나 그리스어 '아가페'에 해당하는 단어입니다. 참된 사랑은 초점이 상대방에게 있습니다. 상대방이 무엇을 원하고 바라는지, 무엇을 싫어하는지 필요로 하는지를 살펴 행하는 것을 말합니다.

두 번째 마음은 '카루나(karuna)'입니다. 중국 한자어로 '非(비)'입니다. 영어로는 '컴페션(compassion)'이라 합니다. 상대방의 고통(passion)을 함께(com) 나누려는 마음입니다. 카루나를 방해하는 가장 큰 적은 무관심입니다. 상대방의 걱정, 근심,

슬픔, 불행을 자신의 일처럼 느끼는 감정이 '카룬나'인 것입니다.

세 번째 마음은 '무디타(mudita)'입니다. 중국 불교에서는 '무디타'를 한자어 '喜(희)'로 번역합니다. '무디타'는 상대방이 행복할 때 진심으로 함께 기뻐해 줄 수 있는 능력을 말합니다. 또한 상대방이 행복하고 기뻐할 수 있는 환경을 만들어 주는 노력이기도 합니다. 함께 슬퍼하고 함께 기뻐하는 감정입니다.

네 번째 마음은 '우펙샤(upeksha)'입니다. 한자어로는 '捨(사)'로 번역합니다. 마음에 집착이 없고 평온한 상태를 의미합니다. 사랑하는 사람이 바로 설 수 있도록 인내를 가지고 지켜보는 마음입니다. 사람의 배경이나 지위 고하를 막론하고 모든 사람을 그 자체로 귀하게 여기는 마음입니다. 붓다는 이 네 가지의 마음을 지니고 사는 것이 가장 숭고한 삶이라고 말한 것입니다. 다른 종교의 가치이지만, 깊이 새겨볼 만한 선한 개념들입니다.

우리 그리스도인의 경전인 성경에는 이러한 선한 가르침도 있지만, 더 중요한 천국에 대한 진리와 소망의 말씀이 있습니다. 그리스도인으로서, 천국에 가는 날까지, 이 세상에서는 모두가 서로 사랑하고 이해하고 용서하고 보듬어주며 서로에게 힘이 되는 삶을 살아낼 수 있기를 소망합니다. 우리 주님을 닮은 숭고한 삶을 통해서 서로에게 기쁨을 주고, 삶으로 예수를 증거하는 멋진 인생 살아갈 수 있기를 기도합니다.

스피노자의 신은 누구일까요?

피조물이라는 고백
'누미노제 Numinose'

"당신은 신을 믿습니까?
50단어 이내로 설명해 주세요."

유대인 랍비 헐버트 골드 스타인이 상대성이론 발표를 준비 중이던 아인슈타인에게 던진 질문입니다. 이 물음에 아인슈타인은 이렇게 답변합니다. "나는 스피노자의 신을 믿습니다. 그 신은 이 세상의 규칙적인 조화 안에서 자신을 드러냅니다. 그는 인간의 운명과 행동에 관심 있는 신이 아닙니다." 아인슈타인이 언급한 스피노자는 반유대주의를 피해 이민한 유대인입니다. 스피노자는 전통적인 유대교와 당시 암스테르담의 지배 종교였던 개신교 칼뱅 교리를 무시하고, 하나님은 우주 만물을 창조하고 조절하는 초월적인 신이 아니라 그 만물을 있는 그대로 자연스럽게 만들고 유지하는 '내재적 신비'라고 주장했습니다. 이 스피노자의 신관에 아인슈타인이 동의하고 있는 것입니다. 아인슈타인은 스피노자의 철학적 종교사상을 추종한 사람입니다.

이 아인슈타인과 스피노자 같은 사람을 '심오하게 종교적인 비 신앙인(deeply religious non-believer)'라고 정의할 수 있을 것입니다. 사실 그들은 하나님을 온전히 믿지 않았던 사람들입니다. 우리 하나님은 우리 인류와 온 우주를 창조하셨을 뿐 아니라 우리 인류를 위해 여전히 주무시지도 졸지도 아니하시며 일하고 계신 분이십니다. 그분이 얼마나 우리를 사랑하시고 우리 인생에 관심이 있으셨는지 그분의 아들 독생자를 이 땅에 말구유로 보내시고 우리 인류를 위해 십자가에 제물로 삼으시기까지 하셨습니다. 그분의 이 땅에 오심은 바로 저와 여러분들을 위해서였던 것입니다. 그러므로 그분의 오심은 우리에게 가장 의미 있고 가치 있는 사건입니다.

루돌프 오토라는 종교학자가 있습니다. 그의 책 <성스러움의 의미>에서 오토는 '성스러움'을 '누미노제(numinose)'로 정의했습니다. 누미노제는 비이성적이며 인간의 오감과 자아를 뛰어넘는 신성에 대한 경험이나 실현을 말합니다.

사랑하는 여러분! 우리는 이 대강절에 아기 예수님의 '누미노제'를 경험해야 합니다. 그분을 우리들의 영적인 감각으로 경험하는 역사가 있어야 하는 것입니다. 믿음은 신비이면서도 실재입니다. 내가 경험한 예수, 내가 경험한 그분의 초월성을 가지고 있어야 합니다. 그래야 우리는 흔들림 없는 신앙인으로 우뚝 설 수 있는 것입니다. 아기 예수님의 탄생을 고대하며 기대하고 있는 이 시절에 주님의 위대하심과 은혜로우심과 우리에 대한 그분의 관심과 사랑과 긍휼을 온 인격으로 경험하시는 누미노제의 역사가 있기를 간절히 기도합니다.

> 당신의 군대 대장은 누구입니까?

베블런 효과(Veblen)
- 우월욕구

19세기 상층 계급의 과시적 소비를 지적한 미국의 경제학자 소스타인 베블런(Thorstein Veblen)은 사치품의 가격과 수요에서 재미있는 현상을 발견합니다. 보통은 상품의 가격이 비쌀수록 수요가 감소하는 것이 일반적인데 어떤 상품은 가격이 오를수록 더 많은 수요가 발생한 것입니다. 이것을 '베블런 효과'라고 합니다. 베블런 효과가 일어나는 이유는 인간의 과시 욕구 때문입니다. 과시욕은 매우 근원적이며 뿌리가 깊습니다. 게오르크 헤겔(Georg Hegel)에 의하면 인간은 기본적으로 인정을 추구하는 존재이며, 인정욕구는 자연적 욕구만큼이나 강렬하고 중요한 것이라고 말합니다. 이 인정욕구는 경제적 욕구로 드러나고 남들보다 더 세련되고 품위 있고 부유한 자로 인정받고 싶은 '우월욕구'로 연결이 됩니다. 이 우월욕구는 다시 '과시 욕구'로 변질이 되는 것입니다.

베블런 효과는 우리나라에서도 예외는 아닙니다. 루이뷔통 코리아가 출범한 때가 1984년 9월입니다. 한국법인이 설립됐을 때만 해도 직원이 3명에 불과했지만 지난 2020년 루이뷔통은 국내 명품 매출 1위를 기록했습니다. 속칭 '에루샤'(에르메스, 루이뷔통, 샤넬)은 코로나 불황 속에서도 오히려 그 매출액이 30-50% 이상이나 성장했습니다. 우월욕구, 과시 욕구, 인정욕구가 만들 낸 기현상입니다.

사랑하는 여러분! 우리 예수님은 어떻습니까? 그분은 진정 우월한 분이셨습니다. 그분은 그 자체가 가장 위대한 명품이셨습니다. 그러나 그분은 말구유로 오셨습니다. 제자들의 발을 씻기셨습니다. 가난하고 소외되고 병들고 아파하는 사람과 사회적 약자들의 친구가 되어 주셨고 그들의 아픔을 함께 나누시며 그들에게 삶의 희망을 갖게 하셨습니다. 늘 낮은 자세로 사람들을 섬기셨습니다. 그분에게 있어서 과시욕, 인정욕, 우월욕은 찾아볼 수 없습니다. 지금 이렇게 암울하고 불안하고 단절되고 웅크리고 있는 전염병의 시대에 우리 그리스도인들에게 진정 필요한 정신이 바로 예수 정신이 아닐까 합니다. 섬김과 용서와 사랑과 긍휼과 베풂과 나눔의 정신이 바로 예수 정신이겠지요. 우리에게 주어진 삶의 시간을 남들보다 높아지려고 하는 욕망과, 더 가지려고 하는 속세의 욕심들과 자신을 드러내려는 과시욕을 닮지 말고 예수님처럼 희생하며 나누며 베푸는 삶을 통해 주님의 마음을 시원케 하는 우리 그리스도인들이 될 수 있기를 소망해 봅니다.

네가 어디 있느냐?
하나님의 최초의 질문
'아이에카' Ayyeka

구약 창세기 3장을 보면 아담과 하와가 선악과를 나눠 먹음으로 하나님의 명령에 불순종하여 죄를 짓는 장면이 나옵니다. 그리고 하나님의 낯을 피하여 동산 나무 사이에 숨은 아담을 하나님께서 부르시는 장면이 있습니다.

> "여호와 하나님이 아담을 부르시며 그에게 이르시되
> 네가 어디 있느냐." (창세기 3:9)

이 말씀에서 "네가 어디 있느냐?"라는 질문은 하나님께서 인간에게 하신 최초의 질문이었습니다. Where are you? 히브리 말로는 '아이에카'(ayyeka)입니다. 히브리어가 속한 셈족어에는 원래 과거, 현재, 미래라는 시간의 개념이 없습니다. '아이에카'에서의 '어디'는 인간으로서 마땅히 깨닫고 도달해야 하는 완벽한 자기만의 장소, 신이 개인에게 할당한 장소를 의미하는 것입니다.

하나님은 아담에게 '너는 그 장소를 아느냐?' '그 장소에

너는 있느냐?' 혹은 '너는 지금 그 장소를 찾아가고 있는 중이냐?'라고 묻고 있는 것입니다. 하나님은 당신께 불순종하여 선악과를 나누어 먹은 그들을 향해 꾸짖거나 죄를 고발하시지 않습니다. 그리고 그들에게 물으시고 있습니다.

"네가 어디 있느냐? 아이에카(ayyeka)?"

라는 하나님의 물음 앞에,

"네 하나님! 제가 지금 사명의 자리에 있습니다."
"하나님께서 있으라 하신 그 자리에 있습니다."
"하나님께서 가라 하신 그곳을 향해 가고 있습니다."
"하나님께서 바라보는 곳, 당신의 눈이 머문 곳,
당신의 마음이 닿은 곳을 향해서
저도 그렇게 당신을 닮아가고 있습니다."

라고 반응할 수 있어야 합니다. 우리는 지금 직장과 사업터와 가정과 학교 등에서 하루의 삶을 살아가고 있습니다. 그곳에서 그리스도 예수의 향기를 드러낼 수 있다면 우리는 하나님께서 원하시는 장소에 있는 것입니다. 그분이 소망하시는 사명을 감당하고 있는 것입니다. 또한 어떤 상황 속에서라도, 하나님을 예배하는 장소에 있어야 합니다. 그것이 바로 하나님이 가장 원하시는 삶의 모습이기 때문입니다. 오늘도 하나님께서는 우리에게 위대한 질문을 하시고 계십니다. "아이에카?

아브라함에게 하신 명령

"너 자신에게서 떠나라"

"여호와께서 아브람에게 이르시되
너는 너의 고향과 친척과 아버지의 집을 떠나
내가 네게 보여줄 땅으로 가라"
(창세기 12:1)

"너는 ~~로 가라!"라고 하셨습니다. 하나님께서 아브라함에게 하신 첫 명령의 말씀입니다. 히브리어 원전에 보면, '레크 르카(lek lka)'로 되어 있습니다. 히브리어 동사 '레크'는 영어나 우리말로 단순히 '걷다'라고 번역할 수 없는 단어입니다. 이 단어는 '걷다'라는 의미와 더불어 '어떤 삶을 살다/누구의 발자취를 따라가다/누구를 흉내 내다'란 뜻이 있고, 또한 '버리다/떠나다/포기하다'라는 뜻도 내포하고 있기 때문입니다. 또한 두 번째 단어 '르카'를 직역하면 '너를 위해서'입니다. 그러니까 이 두 단어를 원어적 의미로 해석하면 '너 자신을 위해 네가 있는 그 위치에서 떠나라'는 의미가 됩니다.

무엇을 떠나고 버리라는 말씀일까요?

첫째는 '나' 자신입니다. '나'라는 용어는 자신의 존재를 나타내는 가장 작은 상징이자 최소단위입니다. 우리 인간들에게 '나'는 그 무엇보다 중요한 존재이고 개념입니다. 하나님은 지금 '나'를 버리라고 하시는 것입니다.

둘째는 '직계가족'입니다. 직계가족을 셈족어로 '바이트(*bayt)'라고 합니다. 자신과 형제자매 그리고 아버지 어머니를 포함한 2촌 관계의 최소 공동체가 '바이트'인 것입니다. 나를 규정하고 나를 확장한 단어가 '바이트'인 것입니다. 그래서 우리들에게 가족은 매우 중요한 최소단위의 공동체가 되는 것인데, 하나님은 지금 그 바이트를 떠나라고 하십니다.

셋째, 친족과 부족입니다. 부족을 '미쉬파하(mishpachah)'라 하는데, 결혼을 통해 확대된 가족을 이르는 용어입니다. 또한 부족도 있습니다. 부족은 히브리어로 '마태(mateh)'라 합니다. 한 명의 공동의 조상을 통해 형성된 사람들의 집단입니다. 개인은 누구나 친족과 부족을 통해 자신의 정통성과 개인의 가치를 입증받게 되어 있습니다. 그래서 친족과 부족은 개인에게 중요한 공동체가 되는 것인데, 하나님은 지금 그 친족과 부족도 떠나라 하십니다.

왜 하나님은 아브라함에게 이런 가혹한(?) 명령을 하셨을까요? 하나님은 의롭고 선하신 분이기에 아브라함을 일부러 괴롭히거나 시험하시지 않습니다. 하나님께서 이런 명령을 내리신 이유는 아브라함으로부터 더 위대하고 거룩하고 아름다운 민족을 이루시기 위해서였던 것입니다. 바로 이스라엘 공동체를 만드시기 위해서인 것입니다. 이스라엘 공동체는 신앙공동체입니다. 하나님만을 섬기고 예배하며 그분의 말씀에 순종하는 공동체인 것입니다. 우리 그리스도인들이 바로 영적인 이스라엘인 것입니다. 믿음의 공동체이며 찬양과 경배와 예배의 공동체이며 사랑과 은혜의 공동체인 것입니다.

우리가 진정한 믿음의 공동체를 이루기 위해서는 아브라함과 같이 '나'와 '가족'과 '친족과 부족'으로부터 떠나야 하는 것입니다. 무슨 말씀입니까? 자기 자신을 포기하고 가정을 버리고 공동체를 버리라는 뜻이 아닙니다. 오히려 하나님만을 더 사랑하는 자신이 되어, 사생활에 좌우되지 않는, 심지가 곧은 신앙인, 오직 하나님으로 충분한 자가 되라는 것입니다. 언제나 어떠한 상황 속에서라도 주님을 예배하며 찬송하는 인생을 살라는 부르심인 것입니다. 가족을 넘어 신앙 공동체인 교회공동체를 이루라는 것입니다.

주님의 이름을 높이며 주님께서 주신 거룩한 사명을 이루는 아름다운 공동체를 만들어서 주님을 예배하라는 명령을 받은 것입니다. 아브라함은 우상숭배를 하던 아버지의 가족을 떠나 부인과 함께 새로운 믿음의 가정을 만들고, 믿음의 공동체를 만듭니다. 그것이 바로 교회인 것입니다. 우리는 영적인 아브라함입니다. 하나님께서 우리의 믿음의 가정과 교회들을 통해 이루실 놀라운 역사를 기대하며 아브라함처럼 순종하며 전진할 수 있기를 간절히 소망합니다.

마음에 새길 성경 말씀

창세기 12장 1~2절

여호와께서 아브람에게 이르시되 너는 너의 고향과 친척과
아버지의 집을 떠나 내가 네게 보여 줄 땅으로 가라
내가 너로 큰 민족을 이루고 네게 복을 주어 네 이름을
창대하게 하리니 너는 복이 될지라

그리고 나 자신과의 화평

가장 어려운 과제

세상의 소음에서 내 안의 찬양으로
예수주의자 Jesusist

여러분은 쇼펜하우어(Arthur Schopenhauer, 1788-1860)에 대해 얼마나 알고 계시는가요? 그는 평소 부모님들과의 사이가 매우 좋지 않았습니다. 특히 그는 평생 독신으로 어머니와 함께 살았습니다. 그에게 멋진 친구가 있었는데, '아트만(산스크리트어로 '자아')'이란 푸들 강아지입니다. 그에게 있어서 '고슴도치 딜레마'가 유명합니다. 우리는 살아남기 위해 타인을 필요로 하지만 타인은 우리를 해칠 수 있다는 뜻입니다. 그는 평생 의심이 많아서 외식할 때 자신의 포크와 스푼을 지니고 다녔으며, 이발소도 가지 않았습니다. 이발사가 든 가위나 면도칼이 자신을 죽이는 무기가 될 수 있었기 때문입니다. 그는 또한 공황증도 앓았습니다. 그는 평생 음악을 즐겼습니다. 아버지가 선물해 준 플루트를 늘 가까이 했으며, 모차르트와 로시니를 매우 좋아해서 그들의 음악을 즐겨 들었습니다. 그의 귀는 매우 민감하게 소리에 반응했습니다.

자신이 쓴 에세이 <소음에 관하여>에서 그는 '두드리고, 찧고, 쾅쾅대는 소리가 평생동안 매일 나를 괴롭힌다'라고 썼습니다. 그는 특히 말의 옆구리를 갈기는 '급작스럽고 날카로운 채찍 소리'를 매우 싫어한 것으로 알려져 있습니다. 그는 소음에 대한 내성이 그 사람의 지능과 정확히 반비례한다고 믿었습니다. 소리를 듣지 못하는 사람, 소리에 민감하지 않은 사람들은 지능이 떨어진다고 생각한 것입니다.

쇼펜하우어는 염세주의자(pessimist)로 유명합니다. 쇼펜하우어에 대해서는 호불호가 완전히 갈립니다. 동시대에 살았던 니체는 그를 거의 미치광이 취급을 했습니다. 그러나 그를 좋아한 사람들도 많습니다. 톨스토이와 바그너는 자기 서재에 쇼펜하우어의 초상화를 걸어둘 정도였습니다. 제가 생각할 때 쇼펜하우어의 위대함은 다음과 같습니다. 다른 철학자들이 저 바깥세상을 설명하려 시도한 것과 달리 그는 내면의 세계에 더 관심이 많았다는 것입니다. 자기 자신을 알지 못하면 이 세계도 알 수 없습니다. 왜 그토록 많은 철학자가 내면의 세계가 아닌 외부의 세계, 즉 바깥세상에 더 많은 관심을 기울였을까요? 그것은 바깥세상을 살피는 것이 더 쉬웠기 때문 아닐까요? 그러나 쇼펜하우어는 자신의 내면, 즉 인간의 내면을 살폈습니다. 인간 내면에 존재하는 상처 입은 영혼, 웅크리고 울고 있는 내면을 살핀 것입니다. 사람들에게 가장 어두운 곳을 살핀 것입니다. 그 아픔과 상처를 잠시나마 잊기 위해 그는 음악에 심취했던 것이기도 합니다. 그 음악이 그에게는 가장 소중한 위로를 안겨 주었고 멋진 친구가 되었던 것입니다.

지금 우리는 너무도 많은 소음이 존재하는 세상을 살고 있습니다. 그 소음이 우리들의 정신세계를 불안하게 하고, 신경질적으로 변하게 합니다. 우리들의 삶을 평안으로 이끌 수 없게 만듭니다. 그래서 우리는 하늘의 음악인 찬양과 경배에 우리들의 영혼의 귀를 기울이고 입술로 소리 높여 주님을 찬양해야 합니다.

쇼펜하우어처럼 영혼의 상처와 웅크릴 수밖에 없는 두려움이 우리를 엄습해 올 때, 모차르트와 바흐와 로시니보다 더욱 찬양을 사모하시기를 소원합니다. 그 찬양이 우리들의 영혼을 위로하고 새 힘을 주며 더욱 주님께로 가까이 다가설 수 있는 용기를 가져다줄 것입니다. 상처 입은 우리 내면의 세계와 각종 두려움에 웅크리고 있는 우리 영혼을, 찬양을 통해서 치유하고 회복하며 새 힘을 얻을 수 있기를 간절히 소망합니다. 일평생 주님을 찬양하는 여러분들이 되시기를 기도합니다. 우리는 염세주의자들이 아닙니다. 우리는 찬양주의자들(praisist)이고, 예수주의자(Jesusist)들이니까요.

마음에 새길 성경 말씀

베드로전서 1:3

우리 주 예수 그리스도의 아버지 하나님을 찬송하리로다
그의 많으신 긍휼대로 예수 그리스도를
죽은 자 가운데서 부활하게 하심으로 말미암아
우리를 거듭나게 하사 산 소망이 있게 하시며

고독의 문지방을 넘을 때

리멘(limen)을 통과하는 시간

　예수님은 누가복음에 의하면 베들레헴(빵집)에서 탄생하셨지만, 그분이 성장한 곳은 나사렛입니다. 그래서 예수님을 표현할 때 '나사렛 예수'라고 하는 것입니다. 베들레헴에는 빵집이 많습니다. 그러면 나사렛에는 무엇이 많을까요? 목공소가 많습니다. 몇 백 년 된 목공소들도 있습니다. 예수님은 공생애 이전의 직업이 목수였습니다. 육신의 아버지인 요셉도 목수였습니다. 예수님께서 공생애를 시작하시기 전에 두 가지 사건이 매우 중요합니다. 하나는 세례요한에게 요단강에서 세례를 받은 장면이고, 또 다른 하나는 광야에서 40일간 금식하신 장면입니다. '인간 예수(Vere Homo)'에게 있어서 이 두 사건은 그의 진정한 '구원자 예수(Vere Deus)'로의 삶으로 이끈 사건입니다. 예수님은 이 두 사건을 통해 위대한 사역의 길로 들어선 것입니다.

　라틴어로 문지방이나 현관을 의미하는 단어를 '리멘(limen)'이라 합니다. 리멘은 미래를 예측할 수 없는 불안하고 힘든 기다림의 시간이며 장소를 일컫습니다. 그러나 이 리멘을 통과하지 않고는 다음 단계로 진입할 수 없습니다. 자신이 가장 소중하게 여겼던 가치를 가차 없이 버리는 행위입니다. 그리고 더 발전하기 위해 위대한 가치를 추구하는 분투의 노력이 있어야 하는 장소입니다. 이는 자기의 몸에 밴 습관이나 행동을 제거하고 새로운 자아를 만드는 창조의 시간이자 문지방 위에 서 있는 불안한 시간이기도 합니다.

      이 구별된 시간과 공간을 '고독'이라 합니다. 이 고독은 다른 사람들과 어울리지 못해 불안해지는 외로움의 시간이 아니라 자신을 성장시키고 발전시키기 위한 최고의 시간입니다. 고독은 보통 사람을 위대한 성인이나 위인으로 탈바꿈시키기도 합니다. 아브라함도 야곱도 요셉도 모세도 여호수아도 엘리야도 엘리사도 다윗도 사도바울도 세례요한도 베드로도 그리고 우리 예수님도 이 '리멘'을 통과한 위대한 분들인 것입니다. 한 없이 부족한 필자도 지금 이 '리멘'의 시간과 공간을 통과하고 있습니다. 스스로 고독한 시간을 보내고 있으나 결코, 고독하지 않은 시간을 경험하고 있습니다. 저의 '리멘'의 시간과 공간은 떨림과 불안함과 낯설음으로 채워져 있으나 그 안에 더 멋진 소망과 기대감과 기쁨과 감사와 성장이 싹트고 있음도 깨닫습니다.

트리 오브 라이프 - 테렌스 맬릭 Terrence Malick

침묵의 소리
- 이해할 수 없는 상황을 만났을 때

2011년 칸 영화제에서 황금 종려 상을 받은 작품은 테렌스 맬릭(Terrence Malick)의 <트리 오브 라이프>입니다. 이 작품은 종교, 인생, 운명, 가족에 대한 그의 철학적 명상이기도 합니다. 영화는 신이 욥에게 던진 질문,

"내가 땅의 기초를 놓을 때에,
네가 거기에 있기라도 하였느냐?"

로 시작합니다. 욥은 성서에서 '흠이 없고 정직한 자'로 묘사된 유일한 사람입니다. '흠이 없다'라는 표현은 신이 보기에 온전한 사람이라는 의미이고, '정직하다'라는 표현은 사람들이 평가하기에도 완벽한 인간이라는 뜻입니다. 그는 또한 동방 최고의 부자였지만, 큰 잔치를 마치고 나면 그 다음 날 일찍 일어나 열 명의 자식들이 모르게 실수한 것까지 헤아려 신에게 제사를 올리는 실로 완벽한 신앙인이었습니다. 그런데 그런 그에게 시련과 환란이 찾아옵니다. 상상할 수도 없고, 상상하기도 싫은 고통이 그를 엄습합니다. 모든 재산을 다 잃었고, 10명의 자녀를 모

두 잃었습니다. 그의 아내는 그에게 하나님을 저주하고 죽으라는 막말을 하고 있었습니다. 또한 그의 몸에는 발바닥에서 정수리까지 악성 종기가 생겨 기왓장으로 긁지 않으면 살 수 없을 지경이 되었습니다. 비참함의 끝판, 숨을 쉬고 살 수 없는 아픔이 그를 마구 때리고 있었습니다.

욥기와 마찬가지로 <트리 오브 라이프>에서는,

'왜 선한 사람이 고통을 받는가?'

라는 인간의 근본적인 질문을 던지고 있는 영화입니다. 영화에 보면 주인공 잭의 동생이 베트남 전쟁에서 사망했다는 전보를 받습니다. 순진하던 아들의 죽음으로 인해 찾아온 그의 천사 같은 어머니의 형용할 수 없는 아픔, 그리고 자신의 가정에 이런 고통스런 현실이 임한 것에 대해 잭은 혼란스러워하고 있습니다. 어머니는 하늘을 응시하고 속삭입니다. "오, 주여! 왜? 당신은 어디에 계십니까?" "당신에게 우리는 누구입니까? 대답해 주십시오. 우리는 당신에게 울면서 기도합니다. 우리의 기도를 들어주십시오." 어머니의 기도는 우리들의 마음에 아픔의 메아리를 남기는 듯합니다. 그러나 그녀의 마지막 말은 다음과 같습니다.

"행복할 수 있는 유일한 길은 사랑하는 것입니다.
서로 돕고 용서하십시오."

욥기와 영화 <트리 오브 라이프>에서 공통적으로 드러나는 메시지는 우리 인간의 한계를 인식하고, 내면에서 울리는 하나님의 음성을 들어야 한다는 것입니다. 세상은 우리가 이해하지 못하는 놀라움과 신비로 가득 차 있습니다. 우리는 착한 사람들, 선한 사람들이 왜 고통을 당하는지 모릅니다. 아우슈비츠에서 고통 중에 죽어간 유대인들의 비극의 역사를 우리는 다 이해할 수 없습니다. 지구촌 곳곳에서 절규하며 아파하며 병들어 죽고, 굶어 죽고, 살해당해 죽고, 납치당해 죽는 것에 우리는 일일이 답할 수 없습니다.

> '하나님! 당신이 선하시다면,
> 왜 우리 인간 세상에 이런 악이 존재합니까?
> 만약 당신이 선하시지 않다면,
> 왜 우리가 선하게 살아야 합니까?'

우리는 언제나 인간의 한계를 느끼며 살아갑니다. 2천 년 전 예수님이 십자가에서 돌아가실 때에도, 하나님은 끝까지 침묵하셨습니다. 아니 침묵으로 말씀하셨습니다. 지금 이 시대, 단절의 시대, 절망과 공포의 시대를 살아가는 우리 그리스도인들에게 가장 필요한 것이 무엇일까요? 바로 그 '침묵의 소리'를 들을 수 있는 영적 능력이 아닐까요? 이해되지 않는 일들이 너무도 많지만, 은혜로 살고, 사랑으로 살고, 용서함으로 살아갈 때 우리 하나님께서 기뻐하시지 않을까요? '하나님의 침묵의 소리'를 들을 줄 아는 성숙한 그리스도인들이 되시기를 간절히 소망합니다.

목민심서 - 정약용

공평한 시간 앞에서

정약용 선생의 <목민심서>에 보면 다음과 같은 글귀가 있습니다.

'나이가 들면서 눈이 침침한 것은 필요 없는 작은 것을 보지 말고 필요한 큰 것만 보라는 것이며, 귀가 잘 안 들리는 것은 필요 없는 작은 말은 듣지 말고 필요한 큰 말만 들으라는 것이며, 이가 시리다는 것은 연한 음식만 먹고 소화불량 없도록 하기 위함이고, 걸음걸이가 부자유스러운 것은 매사에 조심하고 멀리 가지 말라는 것이고, 머리가 하얗게 되는 것은 멀리 있어도 나이가 든 사람이라는 것을 알아보게 하기 위한 조물주의 배려이고, 정신이 깜박거리는 것은 살아 온 세월을 다 기억하지 말라는 것이니 지나온 세월을 다 기억하면 아마도 머리가 핑 할 터이니 좋은 기억과 아름다운 추억만 기억할 터이고 바람처럼 다가오는 시간을 선물처럼 받아 들여 가끔 힘들면 한숨 한 번 쉬고 하늘을 한 번 볼 것이라. 멈추면 보이는 것이 참 많소이다.'

성경은 세월을 아끼라고 했습니다. 시간이라는 존재는 우리를 기다려 주거나 늘리거나 줄일 수 있는 성질의 것이 아니기 때문입니다. 화살처럼 빠르게 지나가는 것이 시간이고, 아침 안개와 들에 핀 꽃과 같이 잠시 머물다 사라지는 것이 우리네 인생임을 기억해야 한다고 말씀합니다. 그러므로 우리에게 주어진 생을 더욱 가치 있고 아름답게 만들어 가야 할 의무가 우리에게 있는 것입니다.

우리는 자기 자신에게 이렇게 질문해야 합니다.

'올해 나는 주님 보시기에 얼마나 성장했는가?
나이는 들어 흰머리와 주름은 늘이가고
육신적인 힘은 예전 같지 않지만
그만큼 나는 익어가고 있는가?'

낡아지지 말고 늙어야 합니다. 더 멋지게 나이 들어가야 합니다. 덕스러운 마음, 인격적인 말, 긍정적인 태도, 미소 짓는 얼굴, 배려하는 손길, 섬김의 발걸음으로 우리들의 모습을 예수님 닮은 모습으로 변화시켜 나아가야 합니다.

여러분들의 삶을 아름답고 향기로운 신앙의 결실로 채우실 수 있기를 간절히 소망합니다.

새로움을 추구하는 것
'Metamorphosis(메타모르포시스)' 완전한 변화

세월이 어찌 이렇게 빠른지 모르겠습니다. 그래서 성경은 우리에게 세월이 화살처럼 빠르고, 아침 안개와 같이 사라지며, 오늘 피었다 지는 들에 핀 이름 모를 꽃과 같다고 한 것이겠죠.

우리 인간에게 있어서 가장 무서운 병은 암이나 뇌졸중, 심근경색 같은 것이 아닙니다. 진정 무서운 병은 나태함과 게으름일 것입니다. 나태함(권태)과 게으름은 무의식적으로 자신에게 익숙한 환경에 동화되어 좀처럼 새로운 것을 시도하지 못하게 합니다. 우리는 우리 스스로 선택한 사회적 회로나 자신의 편견과 습관이 만들어놓은 골방에 갇혀 쳇바퀴 돌 듯 제자리걸음을 하고 있는지도 모릅니다. 그래서 생기는 것이 편견입니다. 우리 인간은 너무도 답답하고 무섭기도 하고 어리석기까지 한 편견을 가지고 있습니다.

사실, 우리 인간이 가장 두려워하는 것은 '미지'의 세계입니다. 경험해 보지도 않았고 예측할 수 없기에 좀처럼 그 세계에

발을 디디려 하지 않습니다. 여기에서 우리는 게으름과 권태와 마주하게 됩니다. 우리 인간을 권태라는 애벌레로 안주하게 만드는 것입니다. 고치의 과정을 거쳐 나비가 되지 못한 애벌레는 영원히 애벌레로 남아 죽고 마는 것입니다. 우리가 애벌레로 남아 죽지 않기 위해서는 용기가 필요합니다. 우리에게 익숙한 세계를 뛰어넘을 때 필요한 것이 바로 그 용기입니다.

그 용기는 우리로 하여금 애벌레를 깨고 나올 수 있는 힘을 줍니다. 그리고 급기야 그 용기 있는 행동이 우리를 나비로 만드는 것입니다. 전혀 다른 존재로 변화를 체험하는 것입니다. 헬라어 성경은 이러한 변화를 'Metamorphosis(메타모르포시스)'라고 명명했습니다. 완전히 새로운 존재, 새로운 피조물이 되는 것입니다.

"그런즉 누구든지 그리스도 안에 있으면 새로운 피조물이라
이전 것은 지나갔으니 보라 새것이 되었도다"
(고후 5:17)

사랑하는 여러분! 우리는 그리스도 예수님의 보혈의 공로와 그분의 십자가의 은혜로 "새로운 피조물"로 거듭난 사람들입니다. 그러니 이제는 게으름과 나태함을 벗어버리고 새로운 피조물다운 삶을 살아야 하겠습니다. 새로운 피조물은 하나님 중심으로 사는 존재들입니다. 하나님의 관점과 성경적 가치관으로 무장한 존재들입니다. 세상의 수많은 달콤한 소리에 귀를 닫고 오직

세미한 하나님의 음성에 엘리야 선지자처럼 귀를 기울이며 그 명령에 순종하는 삶을 사는 존재들입니다. 그러므로 우리 스스로 혹시 게으름과 권태의 고리에서 벗어나지 못하지는 않았는지 점검하고 "새로운 피조물"로 '메타모르포시스'하시는 여러분들이 될 수 있기를 간절히 소망합니다.

마음에 새길 성경 말씀

로마서 12장 2절
너희는 이 세대를 본받지 말고
오직 마음을 새롭게 함으로 변화를 받아
하나님의 선하시고 기뻐하시고 온전하신 뜻이
무엇인지 분별하도록 하라

주님을 믿는 능력

포토그래픽 메모리

여러분들은 혹시 '포토그래픽 메모리(photographic Memory)'라는 용어를 아십니까? 어떤 책을 읽었을 때 그 내용을 전부 사진으로 찍어서 뇌에 저장하고 필요할 때마다 단 1초 만에 기억 속으로 불러낼 수 있는 능력을 말합니다. 그리고 이 포토그래픽 메모리 능력은 모든 사람들에게 공평하게 천성적으로 주어진 능력입니다. 그러나 대부분의 사람들은 자신이 이런 능력을 지니고 있는지 모르고 살아갈 뿐 아니라 스스로 인정하려 하지 않습니다.

왜 그럴까요? 우리는 대부분 평범하게 살도록 학습되었기 때문입니다. 우리나라 교육제도 안에서, 그리고 가정 안에서와 모든 대인관계에서 우리는 자기의 능력을 제한하거나 정하지 않도록 교육 받았고, 그러한 사회적 분위기 안에서 살아왔기 때문입니다.

여러분은 벼룩이 자기 몸의 몇 배나 높이 뛰어오를 수 있는지 아십니까? 다 자란 벼룩은 자기 몸의 200배 높이까지 점프할 수 있습니다. 그런데 벼룩을 아주 작은 유리병 속에 가둔 뒤

마개를 닫으면, 처음에는 미친 듯이 머리를 병마개에 부딪치며 점프하지만, 어느 기간이 지나면 스스로 포기하여 병마개에 머리를 부딪치지 않는 선까지만 점프하게 됩니다. 길들여지는 것입니다.

자기의 능력은 훨씬 더 위대하고 놀라운 데 세상에 길들여져, 자기의 능력을 발휘하지 못하고 사는 사람들이 너무도 많은 것입니다. 노벨상을 수상한 사람들은 대부분 일반인들과는 비교도 안될 만큼 포토그래픽 메모리 능력을 발휘한 사람들입니다. 세상에서 흔히 천재라고 하는 사람들 대부분은 이 능력을 사용한 것입니다. 그러나 이 능력은 특별한 사람들만의 전유물이 아닙니다. 우리 인류에게 하나님께서 주신 보편적인 능력인 것입니다.

그렇다면, 우리는 어떻게 이런 위대한 능력을 우리들의 삶 속에서 사용하고 실천할 수 있을까요? 가장 우선 되어야 할 것이 믿음을 갖는 것입니다. 나 자신에 대한 믿음입니다. '나도 할 수 있다'는 믿음이 나를 그 믿음의 세계로 인도하고 그 믿음의 능력을 발휘하게 만들어 갈 수 있는 것입니다.

하나님은 우리 안에 놀라운 능력들을 허락하셨습니다. 그분의 형상을 닮아 창조된 인류는 놀라운 문화를 만들어냈고 지금도 세상은 그 능력 안에서 새로운 것들이 창조되고 있습니다.

3. 그리고, 나 자신과의 화평

세상은 우리가 믿는 대로, 그리고 생각하는 대로 움직여지고 있다는 것을 기억해야 합니다. 여러분들의 가능성을 믿으시기 바랍니다. 여러분들은 모두 이 세상에서 하나밖에 없는 유일한 존재라는 것을 기억해야 합니다. 나이의 많고 적음이 문제가 아니라 우리들이 얼마나 위대한 존재인지를 모르고 스스로 인정하지 않는 잘못된 믿음이 문제입니다.

기억하시기 바랍니다. 우리는 위대한 존재들입니다. 엄청난 가능성을 품은 존재들입니다. 그리고 하나님의 자녀들입니다. 오늘도 여러분 자신을 믿고, 여러분들 안에 하나님께서 창조해 놓으신 엄청난 능력을 끄집어내어 사용하실 수 있기를 간절히 소망합니다. 우리 안에는 우리도 알지 못하는 놀랍고 신비한 가능성들이 너무도 많습니다. 그러므로 우리 스스로를 존중하고 귀하게 여기며, 사는 동안 그 가능성과 능력을 마음껏 사용하실 수 있기를 간절히 기대하며 소망합니다. 여러분들 모두는 오묘하고 위대하고 하나님을 닮은 그분의 자녀들로 창조되었습니다. 그래서 여러분이 자랑스럽습니다.

마음에 새길 성경 말씀

사도행전 1장 8절
오직 성령이 너희에게 임하시면 너희가 권능을 받고
예루살렘과 온 유대와 사마리아와 땅 끝까지 이르러
내 증인이 되리라 하시니라

거짓의 아비

사탄의 강력한 무기들을 이기는
단 한 가지 방법

사탄 마귀의 가장 강력한 무기는 두 가지 입니다. 하나는 사망 권세이고 두 번째는 거짓말입니다. 첫 번째 무기인 사망 권세는 2천 년 전에 예수님의 십자가 사건으로 인해 주님께서 완전히 승리하셨습니다. 부활의 첫 열매가 되신 주님께서 그리스도인들을 부활로 인도하실 것이기 때문입니다.

문제는 두 번째 사탄의 무기인 거짓말입니다. 사탄의 속임수를 헤아리는 지혜는 스스로 예수님처럼 낮아지고 작아지고 섬기는 데서 얻을 수 있습니다. 스스로가 낮아지고 비워져 있지 않고는 사탄의 속임수를 명확히 식별하는 것은 불가능합니다.

세상일에서도 가짜가 진짜보다 더 좋아 보이는 경우가 많습니다. 영적인 일에서 가짜와 진짜를 구별하는 능력은 하나님에게서만 나옵니다. 하나님 편에 서서 하나님의 성령으로 충만해질 때 인간의 마음과 생각을 교묘히 파고드는 사탄의 거짓말을 알아차리게 되어 있습니다. 그래서 우리는 반드시 하나님의 관점, 즉 성경적 관점을 지녀야 하는 것입니다.

그러나 지금 우리들의 생각은 이기적이고 자기중심적인 생각과 이데올로기의 갈등 속에서 상대방을 정죄하고 질타하고 화해하기는커녕 오히려 반목하고 미워하며 배척하는 마음으로 가득 차 있는 것이 사실입니다. 사탄의 역사는 분리의 역사입니다. 그러나 성령의 역사는 일치의 역사입니다. 가정이 파괴되고 교회 안에 분열이 생기며 모든 사회가 반목하는 이유는 분명 사탄의 교묘한 역사라는 것을 절대 잊어서는 안 될 것입니다.

사탄으로부터 죄가 인간 세상에 들어왔기 때문에 우리는 죄 성을 지니고 태어납니다. 어린아이들을 보세요. "좋아요, 감사해요, 행복해요, 잘할게요"라는 긍정의 말과 행동보다는 "싫어요, 행복하지 않아요, 안 할거예요, 불만족스러워요" 라는 말과 행동을 가르치지도 않았는데 하는 것을 봅니다. 왜일까요? 그 순수하고 귀여운 아이들이 왜 긍정의 행동과 말보다는 부정적인 말과 행동과 거짓말을 부모로부터 배우지 않았는데도 행하고 있을까요? 인간 안에 내재되어 있는 죄 성 때문인 것입니다.

사탄이 우리 인간 안에 심어둔 죄가 우리 인간들을 서로 반목하고 미워하고 시기하고 질투하고 배척하게 만들고 있는 것입니다. 그러므로 우리는 성령의 충만함과 하나님의 말씀으로 무장해야 하는 것입니다. 우리들의 본성으로는 사탄의 거짓말과 속임수를 이길 수 없기에 우리는 하나님의 본성과 주님의 은혜로 무장하는 것이 절대적으로 필요한 것입니다.

성령으로 충만해 진 사람은 자신이 주님 앞에 가장 큰 죄인이라는 것을 깨닫습니다. 바울은 디모데전서 1장 15절에 스스로를 향해 "나는 죄인 중에 괴수다"라고 선언했습니다. 왜입니까? 성령으로 충만한 사람이었기 때문입니다. 겸손하게 됩니다. 주님의 은혜가 날마다 필요한 존재라는 것을 깨닫습니다. 나의 힘으로는 절대로 사탄의 속임수와 악한 능력을 이길 수 없음을 깨닫고 주님의 능력을 날마다 기대하며 겸손히 기도로 나아가게 됩니다.

여러분! 반드시 하나님의 관점으로 세상을 보고 사건을 보고 사람을 보며 역사를 보실 수 있기를 소망합니다. 그러니 우리는 하나님의 말씀을 열심을 다해 듣고 읽고 묵상하며 연구하며 암송하는 수고를 마다하지 말아야 합니다. 그리고 예배를 귀중히 여기고 날마다 하나님을 찬양하고 예배하는 것을 절대 게을리 하지 말아야 합니다. 그리고 우리는 주님 앞에 나아와 내가 죄인 중에 괴수라는 심정으로 자복하고 회개함으로 주님으로부터의 성령의 은혜를 충만히 받아야 하는 것입니다. 시대가 악합니다. 사탄은 날마다 우리들의 생각과 마음과 언어를 지배하려 속임수를 사용합니다. 그러나 우리는 그리스도인입니다. 주님의 무한한 능력에 기대어 성령으로 충만함을 받을 때 세상을 이기고 사탄의 속임수에 속지 않고 날마다 주님과 함께 멋지고 향기롭고 복음에 사로잡힌 성령 충만한 인생을 살아갈 수 있을 줄 믿습니다.

성령의 충만함을 받아 하나님이 주시는 지혜로 악한 사탄, 마귀의 궤계를 능히 간파하고 승리하며 살아가는 여러분 모두가 되시기를 간절히 소망합니다.

마음에 새길 성경 말씀

에베소서 6장 13-17절
하나님의 전신 갑주를 취하라 이는 악한 날에 너희가
능히 대적하고 모든 일을 행한 후에 서기 위함이라
그런즉 서서 진리로 너희 허리 띠를 띠고
의의 호심경을 붙이고 평안의 복음이 준비한 것으로 신을 신고
모든 것 위에 믿음의 방패를 가지고
이로써 능히 악한 자의 모든 불화살을 소멸하고
구원의 투구와 성령의 검 곧 하나님의 말씀을 가지라

성령으로 채워진 사람의 특징

사탄의 속성 – 높아짐

　　사탄의 속성과 존재 원리는 무엇일까요? '높아짐'에 있습니다. 사탄은 높아지지 않고는 견딜 수 없는 존재입니다. 사탄, 마귀가 절대적으로 할 수 없는 것이 있다면 그것은 '낮아짐'과 '섬김'입니다. 겉으로 드러나는 거짓 겸손은 흉내 낼 수는 있겠지만 마음에서 우러나오는 진실한 겸손과 섬김과 낮아짐은 사탄에게서는 절대 불가능한 것입니다.

　　사탄의 영으로 채워지면 교만해집니다. 그 교만이 모든 사람들과의 관계를 깨뜨립니다. 사랑하는 성도여러분! 요즘 세상을 보시기 바랍니다. 겸손한 사람, 자처하여 섬기는 사람, 스스로 낮아지려는 사람을 찾기가 정말 모래알에서 진주를 찾는 것처럼 어렵습니다. 극도의 이기주의와 자기중심주의가 모든 인생들의 가치관을 채우고 있어서 타자를 존중하고 세워주고 섬기려는 마음을 도대체 발견하기가 어렵습니다.

　　그러나 하나님의 영, 즉 성령으로 채워지면 스스로를 낮추어 섬기는 자리에 서게 됩니다. 그 섬김과 낮아짐이 기쁨이고 소망이고 당연한 삶의 모습으로 변화됩니다. 또한 항상 자기 자신을 스스로 돌아보아 혹시 주님의 모습에서 떠나 있는 것이 있지는 않은지 살펴, 스스로 높아지려는 의지를 완전히 꺾어 버립니다.

성령으로 채워진 사람은 언제나 배우려는 자세를 취합니다. 어린아이에게도 배우려 합니다. 마음이 상대방을 향해 열려 있습니다. 상대방을 경쟁 상대나 시기와 비교의 대상이 아니라 배우고 따름의 대상으로 삼아 동역함에 즐거움과 서로 발전함의 기쁨을 누리게 됩니다. 날마다 예수님의 섬김의 모습을 닮기 위해 무던히 노력하는 사람입니다.

사랑하는 여러분! 갈등과 반목과 다툼과 거짓과 타락이 온 세상을 가득 메운 이 어둠의 시대에 우리 그리스도인들만이라도 성령의 충만함을 받아 낮아짐과 겸손과 섬김의 삶을 살아냄으로 우리가 있는 삶의 자리에서 예수님의 향기를 풍기는 멋진 인생을 살아가는 것은 어떨까요?

마음에 새길 성경 말씀

갈라디아서 5장 22~23절
오직 성령의 열매는 사랑과 희락과 화평과 오래 참음과
자비와 양선과 충성과 온유와 절제니
이같은 것을 금지할 법이 없느니라

비운 곳에 채워지는 은혜
비우면 충만해 집니다

"너희 안에 이 마음을 품으라 곧 그리스도 예수의 마음이니
그는 근본 하나님의 본체시나 하나님과 동등됨을
취할 것으로 여기지 아니하시고
오히려 자기를 비워 종의 형체를 가지사
사람들과 같이 되셨고 사람의 모양으로 나타나사
자기를 낮추시고 죽기까지 복종하셨으니
곧 십자가의 죽으심이라."
(빌립보서 2:5-8)

너무도 귀하고 아름다운 말씀입니다. 여기에서 "자기를 비워"라는 말씀이 특히 감동적입니다. 이 말은 헬라어 'kenosis(케노시스)'입니다. '자기 비움'이라고 번역할 수 있습니다. '예수님의 자기 비움'처럼 위대한 역사가 또 있을까요? 그분은 하나님이십니다. 우주 만물을 창조하신 창조주이시며 우주의 역사를 주관하시는 분이십니다. 그분의 광대하심과 위대하심은 우리 인간의 이해와 과학의 발전으로도 감히 측량할 수 없습니다. 그런 분이 인간의 몸을 입고 우리 인류를 구원하시기 위해 십자가 위

에서 자신을 내어 주시기 위해 죄로 가득한 인간 세상으로 오신 것입니다. '케노시스', '자기 비움'의 은혜가 아니었다면 우리 인류에게 구원의 길은 절대 없었습니다.

　사랑하는 성도여러분! 우리는 무엇을 비우고 살아가나요? 여러분들 내면을 채우고 있는 것들 중 무엇을 비우고 싶으신가요? 물질에 대한 욕심과 열망, 세상 성공을 향한 열정, 평안하고 보장된 미래에 대한 추구 등 우리 안에는 너무도 많은 욕심들과 욕구들이 존재합니다. 더 많은 것을 소유하려 합니다. 더 많은 것을 취하기 위해 욕심을 부리고 있습니다. 다 세상적인 것이고 찰나적인 것이며 사라질 것들인데 말입니다.

　우리는 예수님에게서 비움의 중요성을 배웁니다. 채우려 하면 도망갑니다. 오히려 비우려 할 때 우리들에게는 성령의 은혜와 하늘의 지혜가 임하게 될 줄 믿습니다. 세상 욕심을 비우고 오히려 하나님으로부터 오는 신령한 하늘의 것들을 사랑할 줄 알아야 합니다. 세상적인 욕심을 비우고 성령의 충만함을 간구하시기를 소망합니다. 성령으로 충만할 때 우리는 세상적이고 찰나적이고 육신적이고 사라질 것들을 추구하는 인생이 아니라 오히려 주님의 긍휼과 자비와 사랑과 은혜를 앙망하는 성숙한 그리스도인으로 살아갈 힘을 얻게 될 것입니다.

　내가 가진 것들을 이웃을 위해 나누고 마음을 열고 그들과 친구가 될 때 세상은 좀 더 아름답게 변화될 것입니다. '자기 비움'은 우리를 '은혜 채움'과 '예수 채움'으로 이끌 것 입니다.

은혜와 성령과 예수로 채워질 때 울고 있는 사람들, 절규하며 아파하고 있는 사람들, 고통과 비탄에 빠져 주저앉아 있는 사람들이 보일 것입니다. 물질과 심령이 가난한 사람들이 우리를 향해 도움의 손길을 내밀고 있음을 깨닫게 될 것입니다. 욕심을 비울 때 하늘나라의 자원으로 채워진다는 것을 우리 주님은 '케노시스'의 모습으로 우리들에게 가르쳐주십니다. 세상을 비울 때 하늘로 채워짐을 날마다 경험할 수 있기를 소망해 봅니다.

마음에 새길 성경 말씀

빌립보서 2장 2~4절
마음을 같이하여 같은 사랑을 가지고
뜻을 합하며 한마음을 품어
아무 일에든지 다툼이나 허영으로 하지 말고
오직 겸손한 마음으로 각각 자기보다 남을 낫게 여기고
각각 자기 일을 돌볼뿐더러
또한 각각 다른 사람들의 일을 돌보아
나의 기쁨을 충만하게 하라

고통의 연단
뜨거움을 견뎌낸 후의 다이아몬드

흑연을 섭씨 2천℃ 이상에서 10만 기압의 압력을 가하면 모든 사람들이 열광하는 다이아몬드가 됩니다. 흑연과 다이아몬드의 성분은 한 치의 오차도 없이 같은 탄소이지만 큰 시련(고온과 압력)을 겪은 것은 다이아몬드가 되고 적당한 시련을 겪은 것은 흑연이 됩니다. 자연계에는 이런 이치를 따르는 것들이 많습니다. 순금은 고온의 용광로에서 불순물이 제거되어야 만들어지고, 진주 역시 조개의 시련과 고난을 통해 만들어집니다. 동물의 세계를 지배하는 맹수와 맹금류는 숱한 적응과 단련을 통해서 다른 동물들을 지배하게 된 것입니다. 특수 정예병과 훌륭한 선수 역시 수많은 훈련과 땀을 통해 되어 집니다.

우리가 알고 있듯이 이스라엘은 하나님 나라의 모형으로 하나님께서 그분의 선민으로 선택한 나라입니다. 이스라엘(가나안)은 메소포타미아와 이집트, 그리고 로마와 그리스의 지배를 받을 수밖에 없는 지리학적 위치를 지니고 있었습니다. 그리하여 우리가 성경에서와 역사에서 보듯이 이스라엘은 항상 이들 강대국들의 지배를 받았으며 전쟁의 장소가 되어야만 했습니다. 그러나 이런 시련과 아픔과 고통과 두려움이 결국 이스라엘을 보석과 같이, 정금과 같이 빛나게 만든 것입니다.

결국 하나님은 이스라엘에 예수 그리스도가 태어나게 하시고 그곳에서 공생애를 비롯하여 십자가를 짊어지게 하심으로 인류의 죄를 완전히 해결하시고 구원의 길을 내셨습니다. 주님께서 일하신 방식은 어떤 것입니까? 죽음으로 살고, 버림으로 얻고, 낮아짐으로 높아지고, 비움으로 채워지며, 부정으로 긍정에 이르는 아가페의 방식이었습니다.

우리들의 삶이 두려움으로 가득 차 있고, 아픔과 고통과 슬픔과 눈물이 우리들의 삶을 지배해도 낙심하거나 포기하지 말 것은 우리 주님이 우리를 아가페의 사랑으로 사랑하신다는 것과 우리가 그토록 아픔을 겪을 때 비로소 우리는 다이아몬드나 정금과 같이 가장 위대하고 아름답고 향기로운 빛을 발하는 인생으로 성장할 수 있다는 소망 때문입니다.

가장 어려운 시기는 우리가 가장 위대하게 사용되기 위해 강도 높은 훈련을 하고 있는 시간임을 기억해야 합니다. 두려울 때 있습니다. 아프고 죽을 만큼 힘들 때도 있습니다. 그러나 기억하십시오. 하나님께서 지금 여러분들을 단련하고 계신 것입니다. 왜입니까? 우리들을 다이아몬드처럼 아름답게 사용하시기 위해서입니다. 우리들 앞에 놓여 있는 고난들을 걸림돌이 아니라 우리 인생의 디딤돌로 삼아 더 성장하고 더 성숙하고 더 빛나는 인생으로 만들어 가시는 하나님의 섭리하심을 온 인격적으로 찬양하며 예배하는 여러분이 되시기를 간절히 소망하며 기도합니다.

마음에 새길 성경 말씀

로마서 5장 4절
인내는 연단을, 연단은 소망을 이루는 줄 앎이로다

나니아 연대기 - C. S. 루이스

스스로 입은 허물들

C.S. 루이스의 유명한 작품 <나니아 연대기(Chronicles of Narnia)>에 등장하는 이야기들 가운데 '새벽 출정호의 항해'(Voyage of the Dawn Treader)편은 아주 깊이 있게 자신의 내면을 통찰하면서 하나님을 따른다는 것이, 어떤 의미인지를 잘 그려내고 있습니다.

주인공인 소년 유스터스는 이기심과 고집, 불신의 결과로 몸집이 매우 크고 추하게 생긴 용으로 변합니다. 다시 어린 소년으로 돌아가고 싶지만 절대 혼자의 힘으로는 불가능했습니다. 그때 사자 아슬란(예수님을 상징)이 나타나서 유스터스가 몸을 씻을 수 있도록 아름다운 우물로 인도합니다. 그러나 용의 몸을 하고 있었기 때문에 그는 우물에 들어갈 수 없었습니다.

아슬란은 그에게 옷을 벗으라고 말합니다. 그때 유스터스는 자신이 뱀처럼 허물을 벗을 수 있다는 사실을 깨닫습니다. 그리고는 스스로 한 꺼풀을 벗어 던집니다. 허물이 땅에 떨어지자 한결 살 만해집니다. 그러나 우물로 들어가려는 순간, 아직 단단하고 거친데다가 비늘이 촘촘히 박힌 껍질이 아직 남아 있다는 것을 발견하고, 낙심과 고통과 더불어 아름다운 우물에 들어가고 싶다는 간절한 소망에 휩싸인 유스터스는 자기 스스로에게 다음과 같이 묻습니다. '도대체 몇 껍질이나 벗어내야 하는 거지?'

그렇게 세 번 껍질을 벗고 나서 유스터스는 포기합니다. 해낼 수 없을 거라는 확신이 들었기 때문입니다. 이때 아슬란은 '너의 옷은 내가 벗겨야 해!'라고 말하고는 그의 껍질을 벗기기 시작합니다. 그 순간 유스터스는 자신의 심장이 터질 것 같은 고통과 공포를 느끼지만 결국 모든 껍질이 벗겨지고 우물에서 헤엄을 치기 시작하자 모든 고통이 사라집니다. 그리고는, 자신이 다시 어린 소년으로 돌아왔다는 것을 깨닫습니다.

사랑하는 여러분! 우리는 인생을 살아오면서 알게 모르게 스스로 쌓은 아집과 고집이 있습니다. 문제는 이런 가치관들이 우리를 변화하지 못하게 만들고 있고, 우리들의 삶을 편협하게 만들고 있을 뿐 아니라 합리적이고 신앙적이며 성경적인 생각을 통해 아름다운 결론을 맺을 수 없도록 우리를 눈멀게 하고 있다는 것입니다.

더 큰 문제는 인간관계를 아름답고 순탄하게 맺을 수 없게 만들어 버린다는 것입니다. 내 생각과 다른 사람들을 인정하지 못합니다. 그러니까 반목하고 비판하고 정죄하는 것에 익숙합니다. 그러다보면 삶에서 기쁨과 감사와 희망이 경험되어지지 않고 오히려 고통과 아픔, 우울과 소통의 부재가 삶을 더욱 고독하게 만들어 버리는 것입니다.

우리가 사랑하는 주님을 의지해야 하는 이유가 여기에 있습니다. 우리들의 힘과 패기와 지혜를 가지고는 우리들이 가지고 있는 편견과 잘못된 가치관과 고집을 고칠 수 없습니다. 오직 주님의 은혜와 사랑이 우리에게 임하실 때, 우리들의 신앙의 인격이 완전한 변화를 체험하게 되고, 그분의 전인격적인 인성과 신성이 우리들을 완전히 점령하실 때, 우리들의 생각이 성경격인 관점과 하나님의 관점으로 바뀌는 변화를 경험하게 될 것입니다. 사랑하는 여러분! 우리가 가지고 있는 편견과 고집과 잘못된 가치관들을 주님께 내어 맡기시기를 간절히 소망합니다. 내 힘으로, 내 능력으로 안 됩니다. 그러나 우리 주님의 사랑과 긍휼과 은혜는 충분히 우리를 변화시키실 능력이 있습니다. 고통이 따를 것입니다. 아픔도 있을 것입니다. 두려움에 휩싸이기도 할 것입니다. 불편함도 있을 것입니다. 그러나 그 변화가 우리를 완전히 새로운 인생으로 이끌 것입니다.

예전에는 볼 수 없었고 깨달을 수도 없었고 느낄 수도 없었던 놀랍고도 성스러운 더 고차원적인 신앙의 세계가 우리들의 인생에 펼쳐지게 될 것입니다. 우리는 그 은혜의 강에서 유유히 즐기면 되는 것입니다. 모든 편견과 잘못된 가치관과 고집을 주님의 사랑과 은혜 가운데 벗어 버리고 진정한 기쁨과 소망이 넘쳐나는 멋진 삶이 여러분 모두에게 허락되길 간절히 소망합니다.

3. 그리고, 나 자신과의 화평

예수님의 제자라면

유일한 우선순위

'예수님의 제자'를 문자로 그대로 정의하면 '예수님이 어디를 가시든지 따라가는 사람'이라고 할 수 있습니다. 따라서 예수님이 어디를 가시든지 따라가지 않으면 감히 제자라고 말할 자격이 없는 것입니다. 어디든지 예수님을 따라가면 남들이 가까이 하지 않으려고 하는 죄인 곁에 이릅니다. 예수님을 따라가면 남들이 피하려고 하는 병자 곁에 이릅니다. 예수님을 따라가면 종교적인 사람들에게 손가락질을 받을 각오를 해야 합니다. 예수님을 따라가면 가족들에게 미쳤다는 소리를 들을지도 모릅니다. 예수님을 따르면 정부 관리들에게 부당한 비난과 대우를 받을 수 있습니다. 궁극적으로 예수님을 따르면 그분의 먼지 정도가 아니라 온통 그분의 피로 뒤덮이게 됩니다.

예수님을 따른다는 것은 그분을 인생의 최우선 순위로 삼는 것이 아니라 유일한 우선순위로 삼는 것입니다. 예수님은 우리의 사랑을 누구와도 나누길 원치 않으십니다. 그분이 원하시는 것은 절대적인 사랑과 온전한 헌신뿐입니다. 그분은 우리가 주식보다 그분께 더 많이 투자하기를 원하십니다. 그분은 우리가 회사보다 그분께 더 많은 시간과 재능을 쏟기를 원하십니다. 그분은 우리가 월드컵 경기 시청보다도 예배를 더 즐거워하기를 원하십니다.

사랑하는 여러분! 진정 우리들의 삶의 한 자락이라도 더 주님을 닮은 제자로 성장하고 성숙할 수 있도록 기도하며 노력할 수 있기를 기대합니다. 저는 소망합니다. 우리 그리스도인들 가운데 더 많은 멋진 주님의 제자들로 넘쳐나기를 말입니다. 그래서 근대 선교의 아버지라고 불리는 윌리엄 캐리(William Carey)의 명언을 실천하는 그리스도의 제자들이 넘쳐나기를 간절히 소망합니다.

> "하나님으로부터 위대한 일을 기대하고,
> 하나님을 위해 위대한 일을 시도하라"
> (Expect great things from God,
> Attempt great things for God)

마음에 새길 성경 말씀

마태복음 6장 33절
그런즉 너희는 먼저 그의 나라와 그의 의를 구하라
그리하면 이 모든 것을 너희에게 더하시리라

놀이하는 인간

호모 루덴스(Homo Ludens)

요즘 시대를 여러 가지로 표현할 수 있지만, '1인 미디어 시대'로 표현해도 괜찮을 듯합니다. 요즘 유튜브는 1분에 500시간 분량의 영상이 매 순간 업로드되고 있습니다. 유튜브에 하루 업로드된 동영상을 한 사람이 모두 보려면 적어도 18년이나 걸릴 정도입니다. 콘텐츠의 홍수 시대라고 불러도 과언은 아닐 것입니다. 그래서 중요한 것이 어떤 영상을 보고 듣고 할 것이냐? 입니다. 아무거나 듣고 쓸데없는 것들을 보는 것이 아니라 진정 나에게 도움이 될 뿐 아니라 나를 더욱 멋지고 아름답고 풍성하게 변화 시켜주고 성장시켜 줄 수 있는 것을 선별해서 봐야 하는 당위성 앞에 우리가 놓여 있는 것입니다. 지금 시대는 노동시간은 현저히 줄고(주 52시간 근무제) 여가 시간, 혹은 여유 시간이 대폭 늘어난 삶을 우리가 살고 있습니다. 그 남는 시간을 어떻게 사용할 것이냐가 우리네 인생을 더욱 멋지게 만들 수 있느냐 아니냐를 결정지을 수 있는 것입니다.

요한 하위징아(Johan Huizinga)는 인간을 '호모 루덴스(Homo Ludens)'로 정의했습니다. '놀이하는 인간'이란 뜻입니다. 인간은 누구나 놀이와 재미를 추구하는 것이 본능인 존재라는 뜻이겠죠. 그래서 사람들은 지금 메타버스 시대를 한 없이 열어가고 있으며, 가상 세계에서 그토록 재미와 놀이를 추구하며 살아가고 있는 것입니다. 여러분들도 각종 게임을 즐기고 계시죠? 그런데 여러분들은 얼마나 주님과 즐겁게 놀이를 하고 계신가요? 기도와 찬양과 말씀과 예배는 우리로 하여금 그분과 즐거운 데이트와 놀이를 하게 만드는 시간이라 생각합니다. 우리가 주님과 놀이하는 시간은 현실 세계도 가상의 세계도 아닌 영적인 세계에서 이뤄지는 것이기에 인간이 할 수 있는 최고 단계의 놀이인 것입니다. 그렇기 때문에, 하나님과의 놀이는 우리를 그 어떤 세계에서 얻을 수 있는 즐거움과 기쁨보다 훨씬 뛰어넘는 상위의 기쁨과 만족을 주는 것입니다.

세상이 점점 혼탁해지고 있습니다. 우리를 둘러싸고 있는 환경은 우리에게 두려움을 더해가고 있습니다. 한 번도 경험하지 않는 미래가 우리를 향해 성큼성큼 큰 걸음으로 다가오고 있습니다. 이런 두려움의 세상에서 우리는 누굴 믿고 무엇을 의지하고 살아야 할까요? 오직 우리 구주 예수님 밖에는 없는 것입니다. 그래서 그분과의 교제는 무엇보다 중요한 것입니다. 우리 주님과 가장 깊이 있는 영적인 교제와 놀이를 나누시는 가장 성숙하고 가장 멋진 그리스도인들이 되시기를 간절히 소망합니다. 거기에 인생을 향한 가장 위대한 평강과 평안함이 숨겨져 있기 때문입니다.

3. 그리고, 나 자신과의 화평

지금은 영성의 시대

성령 충만을 받으라

신앙의 미래 - 하비 콕스

지금은 영성의 시대

하버드 대학교의 종교학자 하비 콕스(harvey Cox)는 2010년에 쓴 <신앙의 미래>에서 21세기 현대인들에게 '종교인'과 '비종교인', 그리고 '무신론자'가 된다는 것이 무엇인지에 대해, 묻고 있습니다. 그는 오늘날의 종교인들은 점점 각 종교나 종파의 교리보다는 윤리적인 지침이나 영적인 훈련에 더 관심이 있다고 진단합니다. 이러한 경향은 돌이킬 수 없는 추세여서 현대인들은 오랜 시간 동안 소중하게 생각했던 교회의 조직이나 교리보다, 삶 자체를 근본적으로 성장시키고, 그것을 위해 최선을 다할 때 행복을 느낀다고 말했습니다.

하비 콕스는 21세기 현대인들은 더 이상 숨 막히는 교리나 종교 조직 그리고 4세기 로마에서 일어났던 종교와 정치의 결합 등에 관심이 없다고 말합니다. 현대인들은 '무엇을 믿느냐'가 아니라 '어떻게 살 것인가'를 더 중요하게 생각하기 때문이라고 말합니다. 콕스는 지난 2천년 동안의 기독교 역사를 3단계로 설명합니다.

첫째는 기독교가 처음 등장한 1-3세기로 '신앙(faith)의 시대'라 부릅니다. 이 시대에는 예수를 믿느냐 보다는 예수의 가르침을 행하느냐가 더 중요한 시대였다고 진단합니다.

둘째는 4-20세기까지로 '믿음(belief)의 시대'라고 명명합니다. 이 시대에는 기독교적 세계관이 선과 악, 나와 너, 정통과 이단을 구별한 시대라고 말합니다.

마지막 셋째로는 지금 21세기를 말합니다. 이 시대를 '영성(spirituality)의 시대'라고 규정합니다. 점점 많은 그리스도인들이 도그마와 교리를 무시하고 종교 간의 울타리를 걷어치우고 있습니다.

콕스는 영성이 조직화 된 종교를 대체할 것이라고 선언합니다. 틀리지 않는 진단이라고 생각합니다. 그러나 하비 콕스가 한 가지 중요한 사실을 놓친 것이 있습니다. 하나님의 역사하심입니다. 하나님께서 이 세상의 주인이시고 그분이 이 세상을 창조한 창조주라는 것을 잊고 있는 것입니다. 하나님은 이 세상을 창조하시고 그대로 내버려 두시는 분이 아닙니다. 그분은 지금도 우리 인간의 역사에 깊이 개입하시어 역사하시는 분임을 우리는 기억해야 합니다. 그분의 사랑과 자비하심과 인내와 용서하심과 긍휼이 우리 인류를 세대로 이어가게 하시고 있다는 것을 기억해야 합니다. 그러므로 우리는 그분 앞에 겸손해야 합니다.

우리는 그분이 우리에게 허락하신 비전을 깨닫고 그 사명에 충실한 삶을 살아야 하는 것입니다. 세상이 아무리 급변하고 가상현실의 세상, 메타버스의 세상이 우리 삶을 점령하고 있어도 불변의 진리는 이것입니다. 하나님이 역사하신다는 것입니다. 하나님께서 우리 인류의 역사를 이끄신다는 것입니다.

지금은 영성의 시대입니다. 우리들의 영성을 더욱 깊이 있게 갈고 닦아 예수님의 향기를 드러내는 주님의 자녀들이 되어야 할 것입니다. 세상이 악하기 때문입니다. 세상은 반 기독교적으로, 반 하나님적으로, 반 성서적으로 급변하고 있기 때문입니다. 그러므로 우리들의 영성을 더욱 예수님을 닮은 영성으로 발전시켜 나가야 하는 것입니다. 말씀과 기도와 예배로 여러분들의 영성을 더욱 발전적인 모습으로 가꿔나가실 수 있기를 간절히 소망합니다.

마음에 새길 성경 말씀

잠언 3장 6절
너는 범사에 그를 인정하라
그리하면 네 길을 지도하시리라

> 나니아 연대기 - C. S. 루이스

교회는 야곱의 사닥다리입니다
술람(sullam)

창세기 28장에 보면 야곱이 형, 에서의 장자권을 쟁탈하고 외삼촌 라반의 집으로 도망가던 중 피곤하여 한 돌을 취하여 돌베개를 삼고 잠시 잠에 듭니다. 그때 야곱은 꿈에 사닥다리가 땅 위에 서 있고 그 꼭대기가 하늘에 닿은 환상을 보게 됩니다. 그리고 하나님의 사자들이 오르락내리락 하고 있었고 여호와께서 그 위에 서서 말씀하시기를 "나는 여호와니 너의 조부 아브라함의 하나님이요 이삭의 하나님이라 네가 누워 있는 땅을 내가 너와 네 자손에게 주리라"는 복을 선언하십니다. 야곱은 감사한 마음을 담아 그곳에 제단을 쌓고 "벧엘"이라 하였습니다. 야곱이 본 환상, 즉 사닥다리를 히브리어로 '술람'(sullam)이라 합니다.

술람이라는 단어를 이해하기 위해서는 '지구라트'(Ziggurat)라는 고대 근동인들이 세운 신전구조를 이해하면 됩니다. 지구라트는 수메르인, 아카드인, 엘람인, 바빌로니아인, 앗시리아인들이 자신들이 섬기는 신의 안식처를 건축한 것입니다. 가장 전형적인 형태는 직사각형의 플렛폼을 만들고 그 위에 점점 작은 직사각형의 건물을 올려놓는 것으로, 지구라트라는 단어 자체가 '한없이 쌓아올린 건물'이라는 의미입니다. 돌이 없는 메소포타미아인들은 지구라트 전체를 진흙 벽돌을 구워 쌓아올렸고, 맨 위에는 레바논에서 수입한 백향목으로 제사를 지내는 지성소를 만들어 올렸습니다. 이곳은 그 도시의 사제만이 들어가 잘 수 있는 장소였습니다. 지구라트는 이집트의 오벨리스크나 피라미드처럼 하늘과 땅이 만나는 '오메가 포인트'(Omega Point)입니다. 땅에 사는 인간이 하늘로 오를 수 있도록 인도하는 계단을 아카드어로 '심밀투'(Simmiltu)라고 하며, 이 계단을 통해 인간은 신을 만나 하나가 됩니다.

야곱이 본 사닥다리가 바로 이 심밀투인 것입니다. 벧엘은 바로 야곱이 하나님을 인격적으로 만난 장소인 것입니다. 미약한 인간이 하나님을 만난 위대한 장소가 된 것입니다. 우리 교회가 바로 술람이고 심밀투입니다. 바로 교회가 '오메가 포인트'입니다. 교회가 하나님이 거하시는 집이기 때문입니다. 교회를 통해 술람, 즉 심밀투의 계단을 열정적으로 올라 오메가 포인트에서 우리 하나님을 인격적으로 만나는 위대한 경험을 할 수 있기를 간절히 소망합니다.

마음에 새길 성경 말씀

창세기 28장 12~13절
꿈에 본즉 사닥다리가 땅 위에 서 있는데
그 꼭대기가 하늘에 닿았고
또 본즉 하나님의 사자들이 그 위에서 오르락 내리락 하고
또 본즉 여호와께서 그 위에 서서 이르시되 나는 여호와니 너의
조부 아브라함의 하나님이요 이삭의 하나님이라 네가 누워 있는
땅을 내가 너와 네 자손에게 주리니

나의 자아를 넘어서는 장소

미드바르(midbar)
'신의 말씀이 있는 장소'

출애굽기 3장에 보면, 모세가 호렙산(시내산)에서 하나님의 부름 속에 소명을 받는 위대하고 장엄한 장면이 나옵니다. 모세가 하나님을 만난 장소는 광야입니다. 사막입니다. 광야와 사막을 나타내는 히브리어는 '미드바르(midbar)'인데, '바람으로 단단히 다져진 장소'라는 뜻입니다. 또한 '신의 말씀이 있는 장소'라는 뜻도 있습니다. 이 '미드바르'에서 하나님은 모세에게 다음과 같이 말씀하십니다.

"하나님이 이르시되 이리로 가까이 오지 말라
네가 선 곳은 거룩한 땅이니 네 발에서 신을 벗으라"
(출애굽기 3:5)

하나님은 모세에게 "이리로 가까이 오지 말라"고 하십니다. 이 말씀이 무슨 뜻일까요? 모세가 들어선 사막이 성전 경내였다면, 호렙산은 성전이고 가시 떨기나무는 지성소라 할 수 있습니다. 지성소는 사회가 부여한 페르소나(persona)를 벗어야만

들어갈 수 있는 가장 거룩한 장소입니다. 과거의 오래된 자아와 과거에 끌어안고 살아온 모든 욕망과 욕심과 죄악을 다 버려야 하는 장소입니다. 과거의 유산을 끌어안고는 혁신할 수 없기 때문입니다. 하나님은 모세에게 "네 발에서 신을 벗으라"라고 하십니다. "신발을 벗으라"는 말은 내가 가장 소중하게 여기는 것을 포기하고 과거의 자아로부터 벗어나며 하나님의 주권을 온전히 인정하고 말씀에 순종하라는 위대한 명령인 것입니다.

여러분의 삶의 자리가 성전 경내라면 우리가 다니는 교회는 성전이고 여러분이 앉아 있는 그 자리는 지성소가 되는 것입니다. 우리는 그 지성소에서 우리 자신의 페르소나를 벗어야 합니다. 우리들의 자아의 주권을 온전히 하나님께 넘겨드려야 하는 장소인 것입니다. 주권전이가 일어나는 장소여야 하는 것입니다. 우리들의 삶을 혁신시키고 변화시키고 발전시키기 위한 위대한 장소로 사용해야 하는 것입니다. 지성소로 나오십시오. 거기에서 우리는 여호와 이레와 여호와 삼마의 은혜를 경험하게 될 것입니다. 그렇게 될 때 사막(midbar)과 같은 인생이 오아시스(Oasis)와 같은 인생으로 혁신될 것입니다.

요한 웨슬리 John Wesley

사회적 성화

우리 감리교 운동은 18세기 초에 영국의 옥스퍼드 대학을 다니던 몇 명의 학생들에 의해 시작되었습니다. 이들은 순수한 신앙생활에 지대한 관심을 두고 별도로 모여서 기도와 성경읽기 등의 시간을 매일 가졌는데, 동료 학생들에게는 매우 특이한 일로 평가되어 곧 조롱의 대상이 되었습니다. 그래서 이들에게 붙여진 이름이 '메도디스트(Methodist, 규칙쟁이들)'였고, 이 이름이 감리교의 공식 이름이 되었던 것입니다. 이 모임은 찰스 웨슬리가 시작하였으나 그의 형인 존 웨슬리(John Wesley)와 친구인 죠지 휫필드가 중심적인 역할을 했습니다.

감리교 운동의 가장 큰 특징은 '회심을 통한 변화된 삶'이라고 할 수 있습니다. 여기에서 중요한 것이 바로 '회심 경험'과 '변화된 삶'입니다. 단순히 교리적인 신앙인이 아니라 확실한 회심의 경험이 있는 신앙을 중요하게 여긴 것입니다.

1738년 5월 24일 회심을 경험한 웨슬리는 1739년 2월 탄광지대인 브리스톨의 야외에서 삼천여 명의 사람들에게 설교한 이후 '전 세계를 교구(The world is my parish)'라고 생각하며 말을 타고 복음 전도의 길을 나섰습니다. 50여 년 동안 연평균 4,500마일을 다녔는데 이는 지구를 열 바퀴 도는 거리에 해당되며, 매일 평균 3~4번의 설교를 했습니다.

18세기의 영국은 산업혁명으로 인해 인구가 농촌에서 공업도시와 탄광지대로 유입되면서 도덕적 타락이 만연해 있었는데 때맞추어 시작된 감리교 운동은 타락한 사회를 정화시키기에 충분한 역할을 할 수 있었습니다. '산업혁명 이후 사회혁명으로 치달을 수밖에 없던 영국은 감리교 운동으로 말미암아 유혈혁명이 일어나지 않았다'라는 평가가 나올 만큼 감리교 운동은 영국에 지대한 영향을 미쳤습니다.

감리교 운동은 사회사업에도 심혈을 기울였습니다. 빈곤한 교인들에게 재정적인 지원과 직업을 알선했고 병자를 도왔으며 학교를 세워 교육에 힘썼을 뿐 아니라 값싼 도서를 공급하기도 했습니다. 사회적 성화를 이루려는 목적이 분명한 회심 운동이었던 것입니다. 웨슬리는 당시에 만연했던 노예제도에 대해서도 강력하게 반대하여 노예 폐지 운동에 일조하기도 했습니다.

사랑하는 여러분! 우리가 살아가는 지금의 시대를 보면, 개인이든 사회든 극도의 이기주의와 이데올로기의 분열과 각 계층 간 다툼이 극에 달해 있습니다. 그래서 저는 이 시대를 '갈등의 시대'라고 규정하고 있는 것입니다. 이런 분열과 갈등과 반목의 시대에 우리 감리교인들은 철저한 회개와 성령의 충만함을 받아 개인적 성화를 이루어 내고, 더 나아가 우리가 살아가는 삶의 자리를 하나님이 통치하시는 공간으로 만들어가기 위해 스스로 낮아지고 겸손하며 하나님의 공의와 사랑과 긍휼과 은혜를 나누며 실천하는 삶을 살아내야 할 것입니다.

말씀으로 무장하시기 바랍니다. 성령으로 충만해져야 합니다. 회개를 통해 나 자신을 언제나 주님 닮은 모습으로 만들어가며 성장해야 합니다. '모든 변화는 나로부터'라는 생각으로 이 악이 관영한 세상을 살아갈 때 우리가 사는 세상은 조금 더 밝은 세상, 기쁨과 감사와 화해와 소망이 넘치는 세상으로 바뀌게 될 것입니다.

마음에 새길 성경 말씀

요한복음 3장 3절
예수께서 대답하여 이르시되
진실로 진실로 네게 이르노니
사람이 거듭나지 아니하면
하나님의 나라를 볼 수 없느니라

여리고 성 함락은 보여주는 선교

그리스도인의 유일한 삶의 방식
- 보여주는 선교

　　구약성경을 보면 이스라엘이 가나안 땅에 정착하기 위하여 제일 먼저 넘어야 할 산이 여리고 성이었음을 알 수 있습니다. 그러나 여리고 성을 점령했던 방법은 군사작전을 통한 것이 아니었습니다. 여리고 전투는 하나님의 문화와 바알 문화의 대결이었습니다. 여리고를 지배하던 바알 이라는 우상 종교는 가진 자의 종교였습니다. 우상 종교는 성주를 비롯한 소수의 지배 계급이 권력을 앞세워 부귀영화를 독점하고 다수의 국민들은 노예의 삶을 사는 것을 허용할 뿐 아니라 종교적으로 전폭적인 지원을 받기도 합니다. 그런데 법궤를 앞세운 이스라엘 공동체는 이런 사회적 시스템에 정면으로 도전했습니다. 칼과 창의 무력이 아니라 이스라엘 공동체가 보여주는 거룩한 삶 앞에 여리고 체제는 무너졌던 것입니다.

　　왜 성경은 보여주는 선교를 강력하게 전하고 있습니까? 이 선교가 하나님 그분의 본성과 맞으며 또 현실적으로도 가장 효과적이기 때문입니다. 이스라엘이 여리고를 비롯한 가나안 땅을 정복한 것은 우세한 군사력이나 뛰어난 지략이 아니었습니다. 군사작전으로는 절대 여리고와 가나안을 무너뜨릴 수 없었을 것입니다. 예루살렘과 로마가 무너진 것도 마찬가지입니다. 복음 선교는 결코 칼과 무력이 아니라 거룩한 삶을 보여주는 문화의 전쟁이기 때문입니다.

사랑하는 여러분! 우리들의 가정과 직장과 삶의 자리가 여리고이고 예루살렘이고 로마입니다. 우리를 둘러싼 모든 환경과 현실을 복음의 능력으로 장악하고 정복하려면 우리 그리스도인들의 삶이 곧 설교가 되어야 하는 것입니다. 우리들의 말과 행동에서 예수님을 발견할 수 있어야 하는 것입니다. 보여주는 선교, 보여주는 복음의 능력, 향기로운 삶을 통한 복음 전파는 가장 파급효과가 큰 선교 방법일 것입니다.

오늘도 내일도, 그리고 우리에게 주어진 삶에서 예수님의 삶을 실천해 봅시다. 약자들 편에 서고, 영적으로 마음으로 아파하는 자들에게 다가가 그들을 충심으로 위로하며 격려해 주고, 육신의 질병으로 고통당하고 있는 사람들에게 그리스도의 사랑을 전해줄 때 우리는 이미 그리스도적 삶을 살고 있는 것이 될 것입니다. 그리고 그런 우리들의 그리스도를 보여주는 삶을 통해 한 생명이라도 감동받고 주님께로 발걸음을 옮길 수 있다면, 한 영혼을 천하보다 귀하게 여기시는 하나님께서 가장 기뻐하시는 사역을 감당하는 삶일 것입니다. 하나님은 그런 당신의 마음을 가진 그리스도인들을 통해 하나님의 나라를 확장 시켜 나가실 것입니다.

우리가 그리스도인임을 보여줍시다. 그리고 입술의 언어로 고백하며 주님을 증거 합시다. 악한 시대입니다. 어두움의 영이 도처에서 수많은 영들을 미혹하고 악의 길로 이끄는 시대입니다. 건전하고 올바른 생각과 가치관이 거세당하고 있는 시대입니다. 비정상적인 것들이 정상적인 것들로 둔갑하고 있는 무서운 시대입니다. 거짓이 판을 치고 있습니다. 그러나 어둠과 악은 빛과 진리 앞에 무릎을 꿇게 되어 있습니다. 보여주는 선교! 지금 이 시대에 가장 필요한 선교 방법이며 진정한 그리스도인의 삶의 방식인 것입니다.

마음에 새길 성경 말씀

마태복음 5장 16절
이같이 너희 빛이 사람 앞에 비치게 하여
그들로 너희 착한 행실을 보고
하늘에 계신 너희 아버지께 영광을 돌리게 하라

수도사의 아버지 안토니

진정한 영성가란

북아프리카 코아 지역에 부잣집 아들로 태어난 젊은이가 있었습니다. 스무 살쯤 되었을 때 교회에서, 예수님께서 부자 청년에게 하셨던

"네가 온전하고자 할진대
가서 네 소유를 팔아 가난한 자들을 주라.
그리하면 하늘에서 보화가 네게 있으리라
그리고 와서 나를 좇으라"
(마 19:21)

라는 말씀을 듣는 순간 바로 자신에게 하시는 말씀으로 듣고 그대로 순종합니다. 당시 그는 부모가 죽고 막대한 재산을 물려받았는데 그것을 처분하여 가난한 자들에게 나누어 주고 혼자 예수님의 가난을 몸소 실천하며 은둔 수도의 길로 들어서서 온갖 고초를 무릅쓰고 초인적인 금욕과 고행의 삶을 살았습니다. 이 소문이 퍼지자, 그 주변에는 많은 사람들이 몰려들었고, 그로 말미암아 수도사 운동이 불붙듯이 번져 나갔습니다. 이 사람이 수도사의 아버지라 불리는 안토니(Anthony, 251-356)입니다.

수도원 운동이 급속히 퍼져나간 이유는 기독교가 로마제국의 국교가 되면서 세속화 현상이 나타난 것에 대한 반작용 때문입니다. 아직 순교적인 신앙의 열기가 식지 않았던 시기에 안토니와 같이 모든 것을 버리고 오직 예수님만을 따르기 위하여 극단적인 고행을 감내하는 모습은 이상적인 신앙인으로 투영되었고 사람들이 수도사가 되겠다고 몰려들게 하는 원인이 되었던 것입니다.

이후 중세기는 수도원 시대가 되었습니다. 수도원이 중세기에 지대한 영향을 끼친 가장 중요한 이유는 교육을 수도원에서 독점하다시피 했기 때문입니다. 수도원의 일과는 독서와 성경 필사 등이 들어 있었기 때문에 수도사들은 그 시대의 최고 지식인들이 될 수밖에 없었습니다. 아직 공적인 교육 기관이 없던 시대에 자연스럽게 수도원은 교육기관의 기능을 맡게 되었고, 그 결과 수도원을 통하여 지도자와 인재들이 배출되었던 것입니다.

지금도 우리는 유럽을 여행하다 보면 수많은 수도원들을 관광하게 됩니다. 그러나 이 수도원 운동이 진정 하나님께서 원하신 삶의 모습이었을까요? 하나님께서 원하신 영성가들의 모습은 어떤 것이었을까요? 중세 시대의 수도원을 중심으로 한 영성가들은 성과 속, 영혼과 육체, 정신과 물질, 세상과 수도원을 둘로 나누었습니다. 이원론적 사고를 한 것입니다. 이런 사고를 '헬레니즘적 사고'라고 합니다. 그러나 성경은 히브리인들의 책입니다. 히브리인들의 사고를 '헤브라이즘적 사고'라고 합니다. 헤브라이즘적 사고는 일원론적 사고입니다. 즉 성과 속, 영혼과 육체, 정신과 물질을 나누지 않고 하나로 봅니다. 만물이 다 하나님으로부터 창조되어진 것이기에 둘로 나누지 않는 것입니다. 그러니까 수도원의 영성가들처럼 세상은 악하고 영의 세계는 선하다는 식의 생각을 하지 않습니다. 그러므로 히브리인들은 수도원을 만들지 않습니다. 수도사의 삶을 살지 않습니다.

우리 기독교도 마찬가지입니다. 진정한 기독교 공동체는 교회 공동체면 충분한 것입니다. 아니 그래야만 합니다. 우리 그리스도인들은 세상을 등져 살아가는 존재가 아니라, 세상 속에 살아가지만, 세상에 물들지 않고 오히려 세상을 복음으로 정복하여 선한 삶을 살아가며, 예수님을 닮아 더불어 살아가는 이웃들에게 그리스도의 향기와 본을 보여주는 사람들인 것입니다.

예수님은 현실을 등지지 않았습니다. 오히려 그분은 고아와 과부와 어린이와 병자들과 죄인들의 친구로 사셨습니다. 예수님의 제자들도 그분의 본을 받아 세상 속에서 거룩한 삶을 살아내며 복음을 증거 했던 진정한 영성가로 살았습니다.

사랑하는 여러분! 이 시대에 우리가 진정한 영성가로 살아가야 합니다. 악으로 물든 세상, 비진리가 판을 치고 있는 세상, 반기독교적인 법안들이 난무하고 있는 세상, 사회주의자들과 공산주의자들이 득세하고 있는 세상, 하나님이 없다고 주장하며 교만의 극치를 달리고 있는 세상에서 예수님의 제자다운 삶을 거룩하게 드러내는 영성가로 살아낼 수 있어야 합니다. 보여주십시오!

복음의 능력으로 사는 모습
이해하며 용서하며 축복하는 삶
어떤 상황 속에서도 예배에 생명을 건 모습
말과 행동이 예수님을 닮아 있는 모습

이렇게 살아가는 것이 이 말세의 때에 진정한 영성가로 살아가는 모습일 것입니다.

마음에 새길 성경 말씀

베드로후서 1장 5~7절
그러므로 너희가 더욱 힘써
너희 믿음에 덕을, 덕에 지식을,
지식에 절제를, 절제에 인내를, 인내에 경건을,
경건에 형제 우애를, 형제 우애에 사랑을 더하라

하나님의 마음

절대 고독

여러분들은 언제 외로움을 느끼시나요? 언제 고독하십니까? 가장 사랑하는 사람들이 한두 사람씩 나의 곁을 떠날 때 외롭습니다. 세월이 유수와 같이 빠르게 지나 중년이 되고 흰머리가 많아지고 몸이 예전 같지 않을 때 고독합니다. 인생은 언제나 고독하고 외로운 것이 아닐까? 생각합니다. 그런데 여러분! 우리 하나님도 고독하실까요? 그분도 외로우실까요? 저는 우리 하나님은 우리 인간들보다 훨씬 더 외롭고 고독하실 것이라 생각합니다.

이것을 <절대고독>이라 명명할 수 있을 것입니다. 피조 세계 위에 홀로 서 계시기 때문입니다. 하나님은 창조주이십니다. 풀과 하늘과 땅과 바다와 강과 모든 생명체를 만드신 분이십니다. 그래서 우리 인간들과 피조세계는 그렇게 외롭지 않습니다. 그러나 하나님은 피조세계의 밖에 거하시는 분이십니다. 차원이 다른 곳, 아니 차원을 만드신 분이시니 얼마나 외로우실까요? 외로우셔서 우리 인류를 만드셨을 것입니다. 소통하고 싶은 대상을 만드신 것입니다. 그런데 인간만 하나님에게 저항하고 교만하고 하나님이 없다하고 교활하고 악한 피조물이 되었습니다. 그래서 우리 하나님은 외로우신 것입니다.

우리는 영적인 존재입니다. 유일하게 진정한 눈물을 흘리는 존재로 창조되었습니다. 자신의 삶과 죽음도 자각하고 그 죽음과 삶에 의미를 부여할 줄 아는 유일한 지혜를 가진 존재로 창조되었습니다. 그러므로 우리 인간만이 하나님의 존재를 온 인격적으로 경험할 수 있는 것입니다. 그러니 우리가 하나님을 외롭거나 고독하지 않으시도록 그분의 친구가 되고 그분의 가족이 되고 그분의 제자가 되고 종이 되어야 할 것입니다. 기도로, 찬양으로, 예배로, 그리고 우리들의 삶으로 그분을 높여 드릴 수 있어야 합니다. 우리와는 차원이 다른 고독과 외로움을 느끼시는 분이시기에 우리가 그분을 진정으로 예배하고 찬양하며 인정할 때 하나님은 차원이 다른 기쁨과 환희와 감격의 눈물을 흘리실 것이라 생각됩니다. 우리 하나님을 진정 웃게 만들어 드리는 여러분들이 되기를 소망합니다. 그분이 우리를 향해 우리 때문에 웃으실 때 우리 인생은 분명 웃는 인생, 행복이 넘치는 인생이 되도록 우리 하나님께서 만들어 주실 줄 믿습니다.

그리스도인의 국가에 대한 의무

천재일우(千載一遇) 기도할 수 있는 기회

대국(大國)이란 어떤 나라일까요? 이번에 온 기회를 놓쳐도 다음 기회를 기다릴 여유가 있는 나라입니다. 대국에게는 몇 번의 기회가 더 있습니다. 스스로 만드는 기회도, 다른 나라들이 만들어주는 기회도 있습니다. 백 년, 천 년 세계를 다스리고 지배했던 로마, 영국, 미국 역사에도 주기적으로 위기가 있었습니다. 그러나 그들은 또다시 일어나 세상을 지배했습니다. 그러나 소국(小國)은 다릅니다. 기회가 자주 찾아오지 않습니다. 그렇다고 다른 나라들이 기회를 가져다주는 예도 거의 없습니다. 이스라엘과 싱가포르는 강하지만 작은 나라입니다. 우리나라보다도 훨씬 작은 나라들입니다. 1970년대 초 두 나라 총리 골다 메이어와 리콴유는 다음과 같은 대화를 나누었습니다. 메이어가 "우리는 잠시 한눈팔면 동지중해로 가라앉습니다"라고 하자 리콴유는 "우리는 남중국해로 침몰하지요"라고 받았습니다. 그렇습니다. 소국이 지닌 한계와 상황을 이보다 더 적나라하게 보여준 대화는 없을 것입니다.

우리나라는 긴 역사를 지니고 있습니다. 그러나 그 역사라는 것이 매우 자주 내홍과 외침을 당한 아픈 흔적을 가진 역사입니다. 고려시대, 삼국시대, 조선시대에 수많은 전쟁을 치러야 했습니다. 임진왜란, 정유재란, 정묘호란과 병자호란, 한국전쟁 등 파란만장한 전쟁의 역사를 지니고 있습니다. 가장 아팠던 역사가 바로 일제강점기일 것입니다. 36년 동안 우리나라는 일제의 만행 앞에 저항했지만, 미국 등 강대국들의 도움이 아니었다면 일본에게 흡수되어 지구상에서 사라질 번한 아픈 역사를 가지고 있습니다.

　그런데 21세기를 살아가는 지금, 우리나라는 발전과 몰락의 기로에 서 있습니다. 메타버스의 시대, 인공지능 AI, 증강현실의 시대, 세계가 통합되는 시대, 그럼에도 자기 나라의 이익을 추구하는 시대에 우리가 살고 있습니다. 모든 대국들과 선진국들이 미래의 먹 거리와 살거리를 위해 앞 다투어 미래 산업에 투자하는 이때 우리나라는 정쟁의 이데올로기에 함몰되어 있습니다. 세대 간 갈등이 최고조를 달리고 있으며, 북한의 김 정은 정권은 지속적으로 미사일을 쏘아 올리며 우리나라를 전쟁의 위협 속으로 몰아가고 있습니다. 사회를 불안정하게 만들려는 목적이 분명합니다. 그래서 지금 우리 사회는 '혼란을 키우는 세력'과 '혼란을 억제하는 세력'으로 나뉘어 있다고 해도 과언이 아닙니다. 만약 혼란의 세력이 혼란을 억제하는 세력을 이기는 날에는 우리나라의 미래는 완전히 사라지게 될 것입니다.

지금 우리는 천재일우(千載一遇)의 기회이자 무간지옥(無間地獄)의 입구에 서 있다할 수 있습니다. 이런 급박한 현실에 우리 그리스도인들은 무엇을 해야 할까요? 이 나라 대통령과 위정자들과 사회 지도자들을 위해 뜨겁게 기도해야 합니다. 더 나아가 우리가 처한 현실에서 가장 정직하고 겸허하고 열심 있는 삶을 살아내야 합니다. 그리스도인의 향기와 그리스도를 닮은 삶을 살아내야 합니다. '보여주는 선교'의 중요성이 다시 한번 강조되어야 합니다. 사랑하는 여러분! 세상에 희망은 다른 곳에 있지 않습니다. 오직 교회와 우리 그리스도인들에게 있음을 기억해야 합니다. 우리가 기도하고 예수 닮은 삶을 살아낼 때 우리나라에는 엄청난 기회가 올 것입니다. 그러나 우리 그리스도인들이 무능할 때 우리나라는 더 이상 소망이 없는 나라로 전락하고 말 것입니다. 시대가 악합니다. 그리고 너무 빠르게 발전하고 있습니다. 여러분들의 자리, 즉 그리스도인으로서의 자리, 예수님의 자녀로서의 자리를 잘 지키고 기도하며 그리스도의 향기를 품어낼 때 우리나라는 세상을 이끄는 대국으로 더욱 발전하게 될 것입니다. 하나님께서 반드시 그렇게 하실 줄 믿습니다.

마음에 새길 성경 말씀

디모데전서 2장 1~2절
그러므로 내가 첫째로 권하노니
모든 사람을 위하여 간구와 기도와 도고와 감사를 하되
임금들과 높은 지위에 있는 모든 사람을 위하여 하라

주님의 사랑에 대한 잠재의식

무의식적인 믿음

정신분석학자들은 '잠재의식이 정신의 6분의 5를 차지한다'고 합니다. 잠재의식은 절대로 잠드는 법이 없이 날마다 우리들의 신체 기능을 조절하고 있습니다. 우리가 의식하지 않을 때에도 호흡과 혈류, 신진대사를 비롯한 여러 가지 기능을 수행하고 있습니다. 더 나아가 잠재의식 속에는 우리들의 감정과 기억이 저장되어 있습니다. 우리 뇌에는 끊임없이 수백만 개가 넘는 정보들이 들어옵니다. 그러나 잠재의식 속에는 정보 여과 장치 역할을 하는 '망상 활성계(Reticular Activating System)'라는 영역이 있습니다. 이것은 우리가 밤에 잠을 자는 동안에도 소음을 여과하고 아기 엄마에게는 아기가 뒤척이는 소리가 들리게 합니다.

제가 지금 잠재의식에 대해 말씀드리는 이유가 있습니다. 우리 그리스도인들에게 있어서 잠재의식은 믿음과 같은 것입니다. 평소에 어떤 믿음을 지니고 있느냐가 우리들의 잠재의식을 지배하기 때문입니다. 긍정의 믿음, 절대적인 믿음, 가능성에 기반 한 믿음, 창조적인 믿음과 행위가 우리에게 성공을 가져다 줄 뿐 아니라 육신과 정신과 영혼의 건강까지 선물 꾸러미를 선사해 주기 때문입니다. 주님께서는 산상수훈의 말씀을 통하여 우리에게 긍정의 믿음이 얼마나 중요한 것인지를 초지일관 말씀해 주셨습니다.

> *"구하라 그리하면 너희에게 주실 것이요*
> *찾으라 그리하면 찾을 것이요 두드리라*
> *그리하면 너희에게 열릴 것이니"*
> (마 7:7)

믿음으로 긍정의 마음을 갖고 기도하며 행동할 때 놀라운 일이 일어날 수 있음을 확신 있게 가르쳐주고 있는 것입니다. 믿음을 깊고 크고 넓고 높게 소유하시기를 소망합니다. 그리고 창조적이고 미래지향적인 생각과 행동으로 하루하루를 최선을 다해 살아 내십시오. 그러면 여러분들의 삶에서 이전에는 전혀 경험할 수 없었던 놀랍고 기적적인 일들이 일어나게 될 것입니다.

하나님은 우리를 사랑하십니다. 그 사랑이 우리로 하여금 예기치 못한 기쁨과 환희로 이끄시는 것입니다. 하나님은 우리 편이십니다. 우리 주님이 날마다 우리를 위하여 중보하십니다. 우리 성령님이 뜨거운 사랑으로 우리를 선한 길로 이끄십니다. 긍정의 믿음을 지니십시오. 나의 잠재의식이 긍정으로 바뀔 때 여러분들의 삶은 이전에 상상할 수 없었던 놀라운 변화를 경험하게 될 것입니다.

훈련의 기쁨 - 리처드 포스터

겟세마네의 고뇌
- 기름을 짜듯

리처드 포스터(Richard Foster)는 자신의 책 <훈련의 기쁨>에서 '오늘날 지식인들이나 재주꾼이 더 많이 필요한 게 아니다. 절실하게 요구되는 사람은 깊이가 있는 이들이다'라고 했습니다. 우리 주변을 보시기 바랍니다. 똑똑한 사람들이 넘쳐납니다. 재주꾼들도 너무 많습니다. 그런데 깊이가 있는 사람들이 없습니다. 오히려 자기중심적이고 개인주의적인 생각과 삶을 살아가는 사람들로 넘쳐나고 있습니다.

블레이즈 파스칼(Blaise Pascal)은 다음과 같이 말했습니다. '조용한 방에 혼자 앉아 있을 수 없다는 것, 인간의 모든 비참함은 거기서 비롯된다.' 자신의 감정이나 생각을 깊이 있게 정리할 수 있는 사람이 거의 없으며, 자신의 감정에 충실하며 진실한 사람이 없다는 것을 이렇게 표현한 것입니다. 생각이 깊지 못하니까 가벼운 삶을 살아갑니다. 더 가치 있는 삶, 더 두께로 흐르는 시간을 살지 못합니다. 오직 세상의 중심은 자기 자신인 사람들로 넘쳐나고 있습니다.

그런데, 복음이라는 것이 무엇입니까? 예수님께서 우리 인류의 죄악을 용서하기 위해 십자가에서 자신의 생명을 철저히 내어 주신 그 은혜로 인하여 우리에게 구원의 길이 열린 것이 바로 복음입니다. 이보다 더 좋은 소식이 어디에 있겠습니까? 복음은 내어줌입니다. 복음은 자기 포기입니다. 자기희생입니다. 예수님께서 십자가를 지시기 전에 겟세마네 동산에서 얼마나 고뇌에 찬 기도를 드리셨습니까?(마 26:36절 이하). 겟세마네가 무슨 뜻입니까? '기름 짜는 틀'이란 뜻입니다. 그러니까 주님은 그곳에서 자신의 온 인격과 온 힘을 다해 우리 인류의 구원을 위하여 기도하신 것입니다. 가장 깊이 있는 순간을 보내신 것입니다. 그분의 깊이로 흐르는 시간 속에 경험한 고뇌가 우리 인류를 구원의 길로 인도한 것입니다.

사랑하는 여러분! 우리도 우리 자신과 타인과 절대자이신 주님에 대해 깊이 있는 생각을 하며 살아가는 멋진 신앙인이 되어야 합니다. 요즘 현대인들은 생각하지 않으려 합니다. 아니 깊이 있게 생각하는 방법을 잊어버린 듯합니다. 생각이 우리들의 언어를 바꾸고 인격을 바꾸며 삶의 모습을 완전히 바꾸는 것입니다. 먼저 나를, 그리고 타인을, 무엇보다 우리 하나님을 깊이 있게 묵상하셔서 깊이로 흐르는 삶을 두껍게 살아내실 수 있기를 간절히 소망합니다.

고통 사회

고통과 단절의 사회에서

지금 우리는 단연코 '고통 사회'에서 살고 있습니다. 정신적 고통, 심리적 고통, 육신적 고통, 관계적 고통, 물질적 고통, 환경적 고통, 정치적 고통 등 다양한 고통의 세계에 머물러 있습니다. 그래서 사는 것이 버거운 것입니다. 고통은 인류가 존재하는 순간부터 거의 함께 공존한 감정이라 할 수 있습니다. 고통은 예수님의 재림 때 주님의 자녀들로서 천국에 들어가는 자들에게만 주어지는 특권이자 아름다운 자유일 것입니다.

빅토르 폰 바이츠제커(Viktor von Weizsacker)는 고통 속에 있는 인류를 치유할 수 있는 가장 근본적인 방법을 다음과 같이 이야기로 표현했습니다. '어린 누나가 어린 남동생이 아파하는 것을 보게 되면, 누나는 아무 지식이 없어도 하나의 방법을 찾아낸다. 그녀의 손은 동생의 몸을 어루만지면서 길을 찾고, 동생의 아픈 곳을 쓰다듬어주려고 한다. 이렇게 하여 어린 사마리아 여인은 최초의 의사가 된다. 남동생이 경험하게 되는 것은 바로 이것, 즉 손이 도움을 준다는 것이다. 누나의 손이 어루만지

는 느낌이 그와 그의 고통 사이에 끼어들고, 이 새로운 느낌이 고통을 밀어낸다.'

사랑하는 여러분! 오늘날 우리가 사는 지금의 세상에서는 이 치유의 행위가 점점 사라져가고 있다는 느낌을 받게 됩니다. 고립과 고독이 증가하는 사회에 살고 있습니다. 나르시시즘과 자기중심주의가 고독과 고립을 더욱 첨예화하고 있습니다. 경쟁이 심화되고 연대와 공감이 약해지는 것 또한 사람들을 더욱 갈라놓고 있습니다. 고독과 거리두기가 고통을 더욱 증폭시키고 있습니다. 이런 고통사회에서 우리 그리스도인들은 어떻게 살아야 할까요? '어루만짐'과 '말 걸어주기'와 '상대방에 대한 배려와 관심'이 우리 그리스도인들의 삶의 방식이어야 하지 않을까요? 아름다운 관심과 어루만짐은 우리 안과 밖에 넘쳐나고 있는 고통과 고독을 몰아내는 위대한 치료약이 될 것입니다.

어떤 철학자는 지금의 시대를 이야기(Erzählung)를 잃어버리고 계산(Zahlung)만 존재하는 시대라고 말했습니다. 왜 이야기가 없는 시대가 되었을까요? 서로 어루만져줌과 말 걸어주기와 아름다운 내어줌의 관계가 없기 때문일 겁니다. 사랑하는 여러분! 오늘 누군가에게 따뜻한 말 한마디, 사랑의 터치, 예수님을 닮은 섬김을 시도해 보시는 것은 어떨지요? 이런 행동이 다른 사람들의 고통을 덜어 줄 뿐 아니라 우리 자신의 고통도 함께 사그라들게 할 것입니다. 오늘도 멋진 Erzählung(이야기)을 만드시는 하루되시기를 간절히 소망합니다.

> 심리학자 아들러가 분석한 행복이란

진정한 행복감 - 이타심

'자리이타(自利利他)'라는 말이 있습니다. '자리'는 타인보다 자기를 우선하는 것으로서 자신의 이익을 위해 노력하는 태도를 말합니다. '이타'는 타인의 이익을 위해 노력하는 것으로 자신보다 타인을 우선하는 태도를 말합니다. 결국 '자리이타'는 타인의 이익을 위해 노력하면 언젠가 자신에게 그 이익이 돌아온다는 뜻이 될 것입니다.

저는 아들러(Alfred Adler)라는 심리학자를 좋아합니다. 그는 '행복이란 무엇인가?'라고 스스로에게 질문을 하고 난 후 진정한 행복은 타자에 대한 공헌에서 나온다고 말했습니다. '나는 누군가에게 도움이 되는 존재'라는 느낌이 들 때 우리는 진정 행복감을 느낄 수 있다는 것입니다. 사람은 누구든지 자존감이라는 본능적 느낌을 지니고 있습니다. 자존감이 긍정적이고 높을수록 밝은 인생, 에너지가 넘치는 인생, 타자를 위한 인생을 살아갑니다. 여러분들은 어떠하신지요? 우리는 예수님의 보혈의 공로로 구원받은 주님의 자녀들이 되었습니다. 그러니 세상에서 자존감이 제일 밝고 높은 사람들이 되어야 하는 것입니다. 그 귀한 자존감으로 예수님처럼 우리 주변에 고난 가운데 아파하고 상처입어 괴로워하는 사람들에게 다가가 그들의 마음과 삶을 위로하는 진정한 그리스도인으로 살아가면 좋겠습니다. 우리는 모두 하나님의 자녀들입니다. 위대한 자존감으로 세상을 이기며 여러분들을 더욱 예수님 닮은 제자로 성장 발전시키는 기회가 될 수 있기를 간절히 기도합니다.

마음에 새길 성경 말씀

빌립보서 2장 2~3절
마음을 같이하여 같은 사랑을 가지고
뜻을 합하며 한마음을 품어
아무 일에든지 다툼이나 허영으로 하지 말고
오직 겸손한 마음으로 각각 자기보다 남을 낫게 여기고

> 내가 누구인지 아는 사람

정말 센 사람

인생을 살아가다 보면 정말 센 사람을 만나게 됩니다. 센 사람의 특징이 무엇일까요?

1. 타인의 인격을 존중하는 사람입니다. 내가 중요하고 가치 있듯이 다른 사람의 존재를 인정하고 존중해 주는 사람이 강한 사람입니다.

2. 통제 범위를 아는 사람입니다. 센 사람들은 말과 행동에 절제함의 기술이 있습니다. 말을 해야 할 때와 침묵해야 할 때를 압니다. 행동해야 할 때와 나서지 않을 때도 압니다. 말과 행동을 절제하는 사람들이 센 사람들입니다

3. 자기 자신을 그대로 인정하는 사람들입니다. 자신의 연약함을 숨기지 않습니다. 자기 자신을 그대로 받아들입니다. 자신의 아픔과 상처도 받아들입니다. 나를 받아들일 때 남에게도 마음을 열 수 있고 타인을 받아들일 수 있습니다.

4. 흥분(분노)하지 않습니다. 잠언 16장 32절은 이렇게 말씀합니다.

> 노하기를 더디 하는 자는 용사보다 낫고
> 자기의 마음을 다스리는 자는
> 성을 빼앗는 자보다 나으니라

대인관계에서 너그러움과 여유로운 마음과 포용 능력은 가장 강한 사람들의 특징입니다.

5. 하나님을 절대적으로 의지하는 사람입니다. 믿음이란 무엇일까요? 하나님의 주권을 전적으로 인정하는 것입니다. 그분의 통치를 내 삶 전반에 받아들이고 내 삶의 주인을 하나님으로 인정하는 것입니다. 성경의 위대한 역사는 하나님의 주권을 절대적으로 인정한 사람들의 역사입니다. 하나님은 주권전이가 일어난 사람들을 통해 그분의 놀랍고 위대한 이야기를 우리들에게 남기셨습니다.

가장 강한 사람들의 특징은 바로 나의 주인을 하나님으로 인정한 사람들입니다. 하나님에게 약할 때 우리는 가장 센 사람이 될 수 있을 것입니다. 하나님의 주권을 인정하고 주권전이가 온전히 이루어진 삶을 살아내시는 그리스도인이 되시기를 간절히 소망합니다.

무엇이 진정한 신분 상승일까?

신분 상승을 원하십니까?

힌두교에서 가장 오래된 경전이자 인도 문화의 기반이 되는 <베다>는 '인지된 세계는 겉모습이나 환영에 불과하다'라고 말합니다. <베다>에서는 이러한 개념을 '마야(maya)'라고 합니다. 결국 인간은 욕망과 각종 욕심 때문에 눈이 멀어 사물을 있는 그대로 파악하지 못한다는 것입니다. 우리의 눈은 마음의 창입니다. 눈으로 꼭 봐야할 것을 보아야 하는데 욕망과 욕심의 눈으로 세상을 바라보면 왜곡된 세상, 환영과 같은 세상이 보이는 것입니다. 그래서 사람들이 물질을 추구하고 명예와 권력을 추구하며 세상 성공을 위해 온갖 노력을 경주하는 삶을 사는 것입니다. 힌두교 교리를 빌리자면, 욕망에 사로잡혀 사는 것이 바로 '마야'인 것입니다.

물질을 많이 벌어서 신분상승을 통해 자신을 바꾸려 합니다. 혹은 많이 배우거나 사회적으로 성공하여 자신의 위치를 높이려 합니다. 그러나 그것은 진정 우리 그리스도인들의 삶의 방식이 아닐 것입니다. 우리는 날마다 내려놓는 연습을 해야 합니다. 십자가를 지기 위해 우리는 자신을 부인하는 진통을 겪어야 합니다. 나 자신을 변화시켜야 우리들의 삶이 변화되고 주변이 변화될 수 있음을 기억해야 하는 것입니다. 외부의 변화를 통해 내부를 변화시키려 하는 것이 아니라 내부의 변화를 통해 외부의 변화를 이끌어 내야 하는 것입니다. 나를 다른 사람과 비교하지 말고 어제의 나와 비교하는 습관을 키워야 합니다. '오늘 나는 어제의 나와 비교해서 얼마만큼 성장하고 발전하였으며 아름답게 주님을 닮은 모습으로 변화되었는가?' 이 진지한 질문이 오늘의 나를 성장시킬 것입니다.

<베다>에서 말하는 '마야'는 실상은 잘못된 교리입니다. 믿음의 눈으로 세상을 바라보면 모든 역사가 하나님의 역사이기 때문입니다. 우리는 그분의 동사와 형용사와 부사와 전치사가 되어 그분의 동역자로 사용되고 있는 것입니다. 그 자리에 머물러 있지 마시고 날마다 변화를 추구하십시오. 어제보다 나은 오늘을 살아야 합니다. 현재의 다른 사람과 비교하지 말고 어제의 나와 비교하십시오. 이러한 긍정과 미래지향적 생각이 우리를 언제나 성장시키고 아름다운 변화로 이끌어 줄 것입니다.

마음에 새길 성경 말씀

이사야 40장 8절
풀은 마르고 꽃은 시드나
우리 하나님의 말씀은 영원히 서리라 하라

슈퍼맨 Cartoon - 제리 시걸 / 조슈 슈터

약함의 유익
- 슈퍼맨 이야기

슈퍼맨을 다 아시죠? 1938년 제리 시걸(Jerry Siegel)과 조 슈스터(Joe Shuster)가 창조해 낸 만화 주인공입니다. 우리들에게는 영화로 훨씬 더 친근하죠. 초창기 슈퍼맨은 지금 우리가 아는 만큼 강하지 않았습니다. 자동차, 기차, 커다란 배를 번쩍 들거나 기차보다 빨리 달리는 정도였습니다. 높은 건물을 한 번에 뛰어 넘을 정도였지 하늘을 자유롭게 나는 모습은 아니었습니다.

하지만 그 후 40년 동안 슈퍼맨의 힘은 점점 강해졌습니다. 1960년대에는 빛보다 빨리 날고, 엄청나게 멀리 떨어진 곳의 소리를 들으며, 사물을 꿰뚫어 보는 시력까지 갖추게 됩니다. 눈에서는 모든 것을 파괴하는 강력한 광선이 나오고, 숨결로 사물을 얼리고 태풍을 만들어냅니다. 핵폭발에도 슈퍼맨은 아무런 영향을 받지 않았고 설령 다치더라도 금세 치료되는 능력을 지니게 되었습니다. 그러자 이상한 일이 일어났습니다. 슈퍼맨이 재미없어진 것입니다. 사람들은 더 이상 슈퍼맨에 열광하지 않았습니다. 너무 완벽해졌기 때문입니다. 그래서 작가들은 슈퍼맨을 좀 약하게 만들기 시작했습니다. '크립토나이트'(Kryptonite)라는 물질에서 발산되는 방사선에는 힘이 약해지게 만들었던 것입니다. 슈퍼맨에게 약점이 생기니까 사람들이 슈퍼맨에 다시 열광하게 되었습니다.

진흙을 빚어 그릇을 만들어도 그 가운데가 비어 있어야만 그릇으로서 쓰임새가 생깁니다. 문과 창문을 내어 방을 만들더라도 그 가운데가 비어 있어야만 방으로서의 쓰임새가 있습니다. 그러므로 '있음의 이로움은 없음의 작용에서 나오는 것'이라 할 수 있습니다. 우리는 약한 존재들입니다. 한 없이 빈틈이 많은 사람들입니다. 모두 다양한 약점을 지니고 있습니다. 그래서 인간이 아름다운 것입니다. 여러분들은 다 가진 사람을 부러워하지만 존경하지는 않을 것입니다. 정감이 별로 가지 않습니다. 어떤 종류의 사람들을 여러분은 좋아합니까? 정이 가십니까? 빈틈이 있는 사람들일 것입니다. 좀 모자라는 구석이 있는 사람들일 것입니다. 그러므로 모자람은 사랑과 관심을 가져다줍니다. 빈 공간이 있어야 아름다운 것입니다. 지금 여러분들은 그 빈 공간을 자꾸 무엇인가로 채우려고 발버둥치고 있지는 않으신가요? 오히려 비워보세요. 아마 여러분들은 다른 사람들의 인기를 독차지할 것입니다. 그래서 예수님도 자기를 비우셨고 제자들에게도 자신을 부인하라고 말씀하셨던 것입니다. 자꾸 욕심을 부리는 인생이 아니라 오히려 버리고 비우는 인생을 살아보는 건 어떨까요? 분명 더 행복하고 멋진 인생을 살게 되리라 확신합니다.

나는 예수님께서 값을 치르신 사람이다
나를 존중하라!

많은 사람들이 말합니다. 현대인들에게 있어서 가장 큰 문제는 자기중심적이어서 교만하고 오만한 데에 있는 것 같다고 말입니다. 그러나 저는 조금 다른 각도로 보고 있습니다. 오히려 자기혐오와 자기 경멸, 수치심과 자의식으로 괴로워하는 사람들이 더 많은 것 같습니다. 자신의 결점과 약점과 부족함을 필요 이상으로 과장하여 자신의 가치를 의심하고 스스로 부끄러워하는 사람들이 더 많아 보입니다. 스위스의 저명한 심리학자인 칼 융은 "남에게 대접을 받고자 하는 대로 남을 대접하라"와 "네 이웃을 네 몸처럼 사랑하라"는 성경의 가르침에서 중요한 교훈을 얻었다고 말합니다. 이 두 계명이 다 '남과 나'와의 관계를 설명하고 있다는 것입니다.

그런데 중요한 것은 이야기의 주체가 '너'에게 있는 것이 아니라 '나'에게 있다는 것입니다. 맞습니다. 남이 중요한 것은 내가 중요하기 때문입니다. 나약한 나를 스스로 포용하고 용납하고 사랑할 때 우리는 남을 그렇게 사랑할 수 있기 때문입니다.

나를 사랑하고 용납하고 용서하지 않는 사람, 나를 귀하고 가치 있게 여기지 않는 사람은 다른 사람도 귀하게 여기지 않는 다는 것입니다. 그러므로 우리는 '나'를 가장 존중하고 귀하게 여길 줄 알아야 합니다. 왜냐하면 우리는 하나님의 형상으로 지음 받은 존재들일 뿐 아니라 우리 주님께서 십자가 위에서 피로 값을 주고 영생으로 이끌어 주신 구원받은 자들이기 때문입니다. 그러므로 이제 우리는 우리 자신을 더욱 사랑하며 자신의 가치를 스스로 인정할 줄 아는 지혜가 필요합니다. 그래야 남도 나처럼 사랑할 수 있는 능력이 생기는 것입니다. 여러분 자신을 지극히 도와주어야 할 사람처럼 대해 보십시오. 그리고 가장 사랑 받아야 할 사람처럼 여러분 자신을 대해 보세요. 그러면 날마다 천국 같은 삶을 살 수 있는 길이 열리게 될 것입니다.

마음에 새길 성경 말씀

에베소서 1장 4~5절
곧 창세 전에 그리스도 안에서 우리를 택하사
우리로 사랑 안에서 그 앞에 거룩하고 흠이 없게 하시려고
그 기쁘신 뜻대로 우리를 예정하사
예수 그리스도로 말미암아
자기의 아들들이 되게 하셨으니

받아들임 - 타라 브랙

부정적인 감정을 대하는 법

타라 브랙(Tara Brach)의 <받아들임>이란 책에 보면 이런 말이 있습니다. '인간의 삶은 여인숙이다. 매일 아침 새로운 여행자가 찾아온다. 기쁨, 슬픔, 비열함 등등. 매 순간의 경험은 예기치 못한 방문자의 모습이다. 이들 모두를 환영하고 환대하라! 어두운 생각, 수치스러움, 원한, 이들 모두를 문 앞에서 웃음으로 환대하고 맞이하고 안으로 초대하라. 찾아오는 누구에게나 감사하라. 이들은 모두 영원으로부터 온 안내자들이다.'

우리가 하루를 살아가다 보면 너무도 다양한 감정들이 우리들을 때로는 힘들게, 때로는 즐겁게 합니다. 행복할 때도 있지만 괴로울 때도 있습니다. 불안감, 모욕감, 분노, 비교의식, 상대적 박탈감, 자기비하 등. 행복한 감정일 때는 그것들을 즐기면 되는데 부정적인 감정이 들 때, 우리는 괴로워하고 힘들어합니다. 그러나 타라 브랙은 우리들에게 다음과 같이 조언 합니다. '부정적인 감정이 찾아오면 그것들에게 따뜻한 차 대접을 하라'고 말입니다. 부정적인 감정에 이름을 붙이고 그 부정적인 감정을 바라만 보면, 그것들에 우리는 휘말리지 않게 된다고 말합니다. 부정적인 감정과 싸우지 말고 오히려 그것들을 바라보며 인정하고 환영할 때 우리는 그런 부정적인 감정으로부터 자유로울 수 있게 된다고 말합니다.

인류의 영적 스승 가운데 한 명으로 알려진 페마 초드론(Pema Chodron)은 이렇게 말했습니다. '우리는 우리 자신, 그리고 우리의 삶과 가장 깊은 수준에서 친구가 되기를 배워야 한다'고 말입니다.

여러분 자신을 사랑하십시오. 귀하게 여기십시오. 우리는 예수 그리스도의 보혈의 공로로 구원받은 하나님의 자녀들이기 때문입니다. 부정적인 감정이 생길 때마다 여러분들이 누구인지를 빨리 기억해 내십시오. 여러분들은 하나님의 아들이요 딸들입니다. 영광스러운 하늘나라의 백성들임을 기억하십시오. 그럴 때 우리는 우리 자신과 가장 멋진 친구가 될 것이고 삶을 창조적이고 긍정적으로 살아낼 수 있는 힘과 용기를 얻게 될 것입니다. 오늘도 긍정의 마음으로 멋진 삶을 살아내시길 기도합니다.

> 불안 - 알랭 드 보통

우리의 평생 친구 - 두려움과 불안

우리에게는 평생 숙명처럼 붙어 다니는 두 친구가 있습니다. 두려움과 불안입니다. <왜 나는 너를 사랑하는가?> <행복의 건축>등 좋은 책을 많이 펴낸 스위스 작가인 알랭 드 보통(Alain de Botton)은 <불안>이란 책에서 우리가 두려움과 불안을 벗어나지 못하는 이유에 대해 이렇게 말합니다.

'당신의 삶을 너무 타인에게 맡기고 있기 때문입니다. 당신이 진정 원하는 것과 향하는 곳을 알면 타인의 중요성은 뚜렷하게 약해집니다. 당신이 걷고 있는 길이 모호할수록 타인의 목소리와 주변의 혼란, 소셜 미디어의 통계와 정보 등이 점점 커지면서 위협적으로 다가옵니다.' 그러면서 알랭은 '진정한 성공이란 평화로운 상태에 놓이는 것이며 감사야말로 불안과 두려움을 보내는 운명의 여신에게 맞설 수 있는 인간의 가장 효과적인 무기'라고 말합니다.

우리네 인생을 살다보면 정말 무서울 정도로 많은 두려움과 불안이 우리의 삶을 위협하고 있음을 경험합니다. 육신의 질병에 대한 두려움, 경제적으로 힘들어지는 것에 대한 두려움, 자녀들이 이 험한 세상을 어떻게 살아갈 것인가에 대한 두려움, 사업과 직장과 관계에 대한 두려움, 미래에 대한 두려움이 우리를 날마다 힘들게 합니다. 그러나 우리에게는 진정한 평화와 기쁨을 안겨주시는 우리 구주 예수님이 우리와 함께 계심을 잊지 말아야 합니다. 그분은 임마누엘의 하나님이십니다. '우리와 함께 하시는 분'입니다.

> 수고하고 무거운 짐진자들아
> 다 내게로 오라 내가 너희를 쉬게 하리라
> 나는 마음이 온유하고 겸손하니
> 나의 멍에를 메고 내게 배우라
> 그리하면 너희 마음에 쉼을 얻으리니
> 이는 내 멍에는 쉽고 내 짐은 가벼움이라
> 하시니라
> (마 11:28-30)

우리 안에 존재하고 있는 두려움과 불안의 요소들을 우리 주님께 맡기시길 소망합니다. 그리고 주님께서 우리에게 주시는 평안과 기쁨과 소망과 비전을 품고 높은 곳을 향해 비상하는 여러분들이 되시기를 기도합니다.

화목함은 나로부터

화목함

　　현대 사회철학자들은 인간의 모습을 '소외'로 묘사하고 있습니다. 이웃사촌이라는 말이 무색할 정도로 현대 사회는 이웃과 이웃이 소외된 모습을 보여주고 있습니다. '층간 소음'을 이유로 이웃끼리 폭력과 살인의 대상이 됩니다. 또한 요즘에는 아무 면식도 없고 알지 못하는 사람들을 그냥 특별한 이유 없이 살인을 합니다. 참 비참한 시절을 우리가 지내고 있습니다. 뿐만 아니라 현대 사회에서 인간은 자연과도 소외를 경험하고 있습니다. 코로나도 결국 자연과의 단절 혹은 충돌이 그 원인인 것은 분명합니다. 결국 인간이 스스로 화를 자초한 것입니다. 산도 바다도 강도 땅도 하늘도 다 오염이 되어가고 있습니다. 하나 밖에 없는 아름다운 별 지구, 하나님께서 창조하신 놀라운 이 행성을 우리 인간들이 지금 다 망치고 있는 것입니다. 기후조건이 바뀌어 식목일을 4월이 아닌 3월 달로 바꿔야 한다는 말이 나오고 있을 정도입니다.

　　주님께서 이 세상에 오신 가장 중요한 목적은 영혼구원에 있다는 것을 우리는 잘 알고 있습니다. 그 영혼 구원은 이웃들과 소통함으로 시작이 됩니다. 내가 먼저 마음 문을 열고 이웃들에게 하나님의 사랑으로 다가설 때 그들도 마음을 열어 우리와 대화하게 될 것입니다. 또한 우리 그리스도인들이 자연을 보호하고 내가 있는 삶의 자리에서 자연을 귀하게 여기는 모습을 보여줘야 할 것입니다. 하나님은 인간 세상에 소통하시기 위하여 아들 독생자 예수 그리스도를 보내셨습니다. 그분의 십자가의 죽으심과 부활은 바로 우리들을 위한 축복의 결정체입니다. 그러니 이제 우리가 하나님과 이웃들과 자연과 화목함으로 이 세상에 주님께서 원하시는 평화가 임하며 사랑이 흘러넘치는 사회 공동체를 만드는데 미력이나마 보태는 삶을 우리가 살아야 할 줄 믿습니다. 오늘 하루도 여러분들 옆에 있는 분들에게 먼저 마음을 열어 손 내밀고 주님의 사랑을 나누시기를 바랍니다. 가장 멋진 인생은 다름 아닌 주님의 사랑과 은혜로 이웃들과 자연과 더불어 사는 인생이 아닐까 생각해 봅니다.

성장하고 계신가요?

나로부터 시작되리

캐나다의 저술가이자 정신과 의사 에릭 번(Eric Berne)은 '과거와 타인은 절대로 변하지 않는다. 하지만 지금부터 시작되는 미래와 나 자신은 얼마든지 변할 수 있다'고 말했습니다. '미래의 나'는 이제부터 시작되는 나의 정신자세와 삶의 태도에 달려 있다는 뜻일 것입니다. 우리는 한 번 밖에 살 수 없는 인생을 살아갑니다. 그러니 후회하는 인생을 살지 말아야 하겠지요. 인생의 마지막 순간에 '~~할 걸'하며 후회하는 인생이 아니라 '~~해서 너무 행복했어!'하는 인생을 살아야 합니다. 우리는 무엇보다 예수님을 믿어 구원 받은 존재가 되었으니 이미 위대한 성공을 이룬 인생이라 할 수 있습니다. 중요한 것은 어제보다 나은 오늘, 그리고 오늘보다 나은 내일로 발전하며 변화하느냐 입니다. 여러분들은 오늘, 어제 보다 나은 모습으로 성장하고 계신지요?

2대 유엔 사무총장을 지낸 스웨덴의 정치가 다그 함마숄드(Dag Hammarskjold)는 스톡홀름대학에서 정치경제학 교수로 재직했는데 그때 학생들에게 이런 말을 했습니다. "살다 보면 여러분의 인생이 비참하게 느껴질 때가 있을 것입니다. 자신의 능력이 너무나 하찮게 느껴지고, 앞날에 먹구름이 드리워진 듯이 두려울 때도 있을 것입니다. 하지만 어쩌겠습니까? 그럼에도 불구하고, 여러분의 삶을 성장시킬 수 있는 유일한 사람은 바로 여러분 자신뿐인 것을"

그렇습니다. 오늘 성장하기 위해서는 내가 나를 변화시키는 방법이 가장 빠르고 유익한 방법일 것입니다. 사랑하는 여러분! 예수님의 고난과 십자가의 죽으심을 기억하고 묵상하면서 너 성장하고 성숙한 신앙으로 발전하시기를 간절히 소망합니다. 여러분은 귀한 존재입니다. 주님이 자신을 십자가 위에서 제물로 드려 그 핏 값으로 살리신 존귀한 분들임을 기억하고 예수님을 닮아 가는 귀한 성도들이 될 수 있기를 소망하며 기도합니다.

구원의 바이러스

전염병 같은 자

안디옥 교회의 성도들에게 '그리스도인'이라는 용어가 처음 사용되었습니다. 이 용어는 신약 성서에 3번만 언급이 됩니다(행 11:26; 26:28; 벧전 4:16). 헬라어로는 '크리스티아노스 Χριστιανός' 즉, '그리스도에게 속한 사람'을 의미합니다. 그리스도는 '기름 부음을 받은 사람'이라는 뜻이고, 히브리어로는 '메시아'입니다. 초기 기독교인들은 예수님을 메시아 즉 그리스도로 고백한 것입니다. 예루살렘 교회에 큰 환난이 임했습니다. 스데반이 순교 당하고 교회에 큰 핍박이 가해지자, 성도들은 베니게, 구브로, 안디옥까지 흩어졌습니다. 흩어진 성도들은 처음에 유대인에게만 복음을 전했습니다. 그런데 안디옥에서 헬라인들에게 복음을 전했는데, 놀랍게도 수많은 사람이 믿고 예수님께로 돌아오는 것이었습니다. 이 소식을 들은 예루살렘 교회는 급하게 바나바를 안디옥 교회에 파송했고, 그는 일 년 동안 그들을 가르쳤고, 그렇게 양육된 제자들이 이곳에서 그리스도인이라고 불리게 된 것입니다. 안디옥 교회의 성도들은 주님의 제자로 양육되었지만, 세상은 그들을 그리스도에게 속한 사람들이라고 무시했던 것입니다. 비아냥거리며 은근히 멸시하는 표현이 '그리스도인'이라는 단어 속에 숨겨져 있는 것입니다.

유대인들은 예수님을 '나사렛 사람'이라고 부르며 멸시했고 (요 1:46), 사울을 향해서는 '전염병 같은 자이며 나사렛 이단의 우두머리'라고 모욕했습니다(행 24:5). 세상은 그리스도와 그리스도인을 이렇게 조롱하고 멸시하며 모욕합니다. 그러나 우리는 주님의 자녀들이고 구원받은 하늘나라의 백성입니다. 세상은 우리를 이해할 수 없습니다. 하나님을 부정하고 부인하기 때문입니다. 예수님이 그리스도가 되시고 인류의 유일한 구원자가 되심을 모르고 부인하고 있기 때문입니다. 우리는 이 세상에서 전염병같이 살아야 합니다. 다른 사람을 죽이고 아프게 하고 힘들게 하는 전염병이 아니라 행복하게 하고 즐겁게 만들어 주며 바른길로 인도하는 멋지고 아름다운 전염병으로 말입니다.

우리 그리스도인들은 주변에 있는 이웃들에게 해피 바이러스, 회복의 바이러스, 기쁨과 소망의 바이러스, 희망의 바이러스, 구원의 바이러스들로 살아내야 하는 존재들임을 기억해야 합니다. 세상에는 너무도 많은 악성 바이러스들이 사람들의 정신과 영혼의 세계를 오염시켜 병들게 하고 있습니다. 분열과 갈등의 바이러스, 미움과 다툼과 증오의 바이러스, 거짓과 술수의 바이러스, 정욕과 쾌락의 바이러스, 마약과 술과 도박의 바이러스, 단절과 무관심의 바이러스들이 난무하고 있습니다. 이런 사탄 마귀가 퍼트린 각종 악한 바이러스들에 대항하는 아름다운 복음의 바이러스들로 살아갈 수 있기를 간절히 소망합니다. 우리 그리스도인들로 인해 세상이 새롭게 치유되기를 간절히 기도해 봅니다.

마음에 새길 성경 말씀

사도행전 9장 15절
주께서 이르시되
가라 이 사람은 내 이름을 이방인과 임금들과
이스라엘 자손들에게 전하기 위하여
택한 나의 그릇이라

받아들임 - 타라 브랙

함석헌 선생 - 흰 손

　　미국의 만화가 찰스 슐츠(Charles M.Schulz)의 <피너츠>에 나오는 한 장면입니다. 소년 찰리 브라운이 담벼락을 향해 활을 쏩니다. 그리고는, 담벼락으로 달려가 화살이 맞은 자리를 중심으로 과녁을 그립니다. 그러니까 그의 화살은 빗나가는 법이 없습니다. 슐츠는 자기를 세상의 중심에 놓고 생각하는 우리의 교만한 버릇을 그렇게 표현한 것입니다.

　　그러나 믿음의 사람들은 '자기'에 붙들려 살지 않습니다. 오히려 자신을 십자가 밑에 내려놓습니다. 주님께서 말씀하신 '자기 부인', '자기 내려놓음'을 실천합니다. 하나님의 주권적인 섭리를 인정하기 때문입니다. 그러나 어리석은 사람들은 하나님을 하나님으로 인정하지 않기 때문에 자기중심적인 삶을 살아가는 것입니다. 이렇듯 여전히 이기적이고 자기 주인적인 삶을 살아가고 있는 그리스도인들을 향해 함석헌 선생은 '흰 손'이라는 시에서 벼락같이 꾸짖고 있습니다.

'이놈들아! 갈보리에 흘렸던 피,
그 피 너에게 무슨 상관이 있느냐?
너 위해 네 몸 위에, 네 혼 위에, 흘려 네 피 된 산 피 말이지.
네 만일 그 피 마셨다면야
그러면야 지금 그 피 네 속에 있을 것 아니냐?
네 살에, 뼈에, 혼에, 얼에 뱄을 것 아니냐?
너 살고 싶으냐? 대들어라 부닥쳐라
인격의 부닥침 있기 전에 대속이 무슨 대속이냐?
그의 죽음 네 죽음 되고 그의 삶 되기 위해 부닥쳐라.
알몸으로 알몸에 대들어라!
벌거벗은 영으로 그 바위에 돌격을 해라!'

우리가 예수님을 그리스도로 믿고 따르는 참 성도들이라면 확실한 주권전이가 일어나야 하는 것입니다. 우리는 여전히 부족하지만, 한참 모자라지만 그래도 순간순간 노력해야 합니다. 결단해야 합니다. 인격적으로 주님을 온전히 만나는 순간까지 우리들의 신앙 분투 여정은 계속 이어져야 합니다. 거기에 우리들의 영혼이 살 길이 진정 놓여 있기 때문입니다.

교회, 나의 고민 나의 사랑 - 필립 얀시

Epilogue 에필로그
그래도 나의 사랑, 나의 교회

필립 얀시(Philip Yancey)의 <교회, 나의 고민 나의 사랑>이란 책에 보면, C.S Lewis(루이스)가 자신이 다니는 교회에 대해 다음과 같이 쓴 글을 실어 놓았습니다.
'나는 그들이 부르는 찬송이 싫었다. 내가 보건대 그들은 이류의 시에다 삼류의 음악을 맞춘 듯이 보였다. 그러나 계속 듣고 보니 그들의 찬송에는 대단히 본받을 만한 점이 있었다. 건너편 좌석에서 장화를 신은 늙은 성도 한 분이 부르던 그 찬송은 진정 은혜로웠다. 그리고 우리 같은 사람들로서는 그 노인의 발뒤꿈치도 따라가지 못한다는 깨달음, 그 깨달음이 고독한 자만에서 우리를 구해 낸다.'

루이스는(C.S Lewis)는 자신이 다니는 교회가 자신의 마음에 완벽하게 부합한 교회가 아니어서 불편한 마음도 있었습니다. 세련되지 않은 것 때문에 불쾌한 마음을 숨기지 않았습니다. 그러나 그 모든 감정이 다 교만이고 자만이라는 것을 깨달았던 것입니다. 교회는 즐거움을 주기 위해서, 혹은 약한 자를 격려하기 위해서, 혹은 자긍심을 심어주기 위해서, 혹은 교제를 장려하기 위해서 존재하는 것이 아닙니다. 교회는 무엇보다도 하나님을 예배하기 위해 존재하는 것입니다. 목회자나 음악이나 성례전이나 기타 예배를 돕는 모든 수단은 결국 예배자들과 하나님의 영적인 교제라는 궁극적인 목적을 위해 존재하는 것이기 때문입니다.

교회는 우리가 위로 얻으러 오는 곳이 아닙니다. 교회는 우리가 만족하기 위해 오는 곳도 아닙니다. 교회는 내가 누군가와 사귀기 위해 오는 곳도 아닙니다. 아이들의 좋은 교육을 위해 오는 곳도 아닙니다. 오직 교회는 하나님을 예배하기 위해 오는 곳입니다. 예배란 무슨 뜻입니까? 예배는 '무릎을 꿇는다'라는 최초의 의미를 지닌 단어입니다. 그러니까 예배는 우리들의 위치를 다시 한번 직시하게 하며, 그러므로 내가 하나님을 위해 존재하는 것이지 하나님이 나를 위해 존재하는 분이 아니라는 것을 깨닫는 시간이 되어야 하는 것입니다. 예배는 하나님께서 우리를 위해 어떤 위대한 일을 하셨는지를 다시금 되새기는 시간입니다. 그리고 말씀을 듣는 시간입니다. 우리들의 귀를 즐겁게 하고 나를 만족하게 하고 위로하는 말씀이 아닙니다. 하나님의 말씀은 언제나 우리에게 순종을 요구합니다. 우리를 필연적으로 사명으로 이끄십니다. 그래서 교회는 유람선이 아니라 전투함이라고 부르는 것입니다.

지금 이 시대의 교회들과 그리스도인들이 왜 이렇게 세상 사람들의 조롱의 대상이 되었습니까? 교회를 유람선으로 생각하고 다녔기 때문입니다. 자기 귀를 즐겁게 하고 위로와 평안만 얻으러 나왔기 때문입니다. 자신이 즐거워지자고 출석했기 때문입니다. 그러나 진정한 그리스도인들, 그리고 진짜 교회는 세상을 영적 전쟁의 한복판으로 보고 하나님의 전신 갑주를 입고 세상을 향해 포효하는 교인을 만들어 내기 위해 노력합니다. 세상과 타협하지 않습니다. 어떤 이데올로기도 믿음보다 위에 있을 수 없다는 것을 알기 때문입니다. 지금 이 시대는 이데올로기의 전쟁 시대라 해도 과언이 아닙니다.

여러분이 다니고 섬기는 교회를 더욱 사랑하시기를 바랍니다. 우리 교회가 완벽해서가 아닙니다. 오히려 부족해서입니다. 그리고 우리가 믿는 하나님을 더욱 경외하시기를 소망합니다. 이 갈등과 단절과 위기의 시대에 믿음의 길에서 이탈하지 마시고 말씀과 믿음의 반석 위에 굳게 서서 세상을 하나님의 관점으로 올바르게 바라보며 항상 진리 편에 서 있으시기를 간절히 소원합니다. 교회는 우리들을 이 세상 악으로부터 지켜주는 산성이고 반석이고 요새이기 때문에 우리에게 가장 중요한 삶의 터전이 됩니다. 그러므로 여러분들이 섬기시는 교회를 더욱 사랑하고 그리스도인이 된 것에 대한 자긍심을 가지고 더욱 변화와 성장과 성장을 통해 예수님을 가장 닮은 주님의 자녀로 살아내시기를 간절히 소망합니다.

참고문헌

지우개의 은혜 - 이어령 교수 [마지막 수업]
호모 프롬프트 - 김난도 교수 [트렌드 코리아 2024]
이기적 유전자 - 메르 [1%를 읽는 힘]
하비루의 길 - 김동무 [하비루의 길]
환대 - 존 타이슨 [선한 능력, 아름다운 저항]
판도라 이야기 - 호메로스 [일리아스], [오디세이아] / 헤시오도스 [신통기]
옳으냐, 선하냐? - 마이클 샌델 [정의란 무엇인가]
이데올로기 - 니체 [즐거운 지식], [권력에의 의지]
생각의 거세 - 데이비드 허친스 [레밍 딜레마]
배신을 넘어선 사랑 - 단테 [신곡]. 지옥편
영광의 무게 - C. S. 루이스 [영광의 무게]
무질서에서 질서로 - 김완 [죽은자의 집 청소]
예수주의자 - 쇼펜하우어 [소음에 관하여]
공평한 시간 앞에서 - 정약용 선생 [목민심서]
스스로 입은 허물들 - C. S. 루이스 [나니아 연대기 - 새벽 출정호의 항해]
지금은 영성의 시대 - 하비 콕스 [신앙의 미래]
겟세마네의 고뇌 - 러차드 포스터 [훈련의 기쁨]
신분 상승을 원하십니까? - 흰두교 경전 [베다]
약함의 유익 - 제리 시걸, 조 슈스터 [슈퍼맨]
부정적인 감정을 대하는 법 - 타라 브랙 [받아들임]
우리의 평생 친구 두려움과 불안 - 알랭 드 보통 [불안]
함석헌 흰 손 - 함석헌 선생 [흰 손]
그래도 나의 사랑, 나의 교회 - 필립 얀시 [교회, 나의 고민 나의 사랑]